EL RONDÍN

Esteban Luján

Campaigns of Colonel Toribio Ortega and Colonel José de la Cruz Sánchez in the Revolution of 1912 from February until the defeat of Orozco in Ojinaga the 14th of September of the same year 1912.

Campañas del coronel Toribio Ortega y del coronel José de la Cruz Sánchez en la Revolución de 1912 desde febrero hasta la derrota de Orozco en Ojinaga al 14 de septiembre del mismo año de 1912.

Translation by
Traducción por

Jonathan Van Coops

REGENT PRESS • BERKELEY • CALIFORNIA

Public domain images of historical maps and photographs are used courtesy of the El Paso Public Library and the University of Texas Libraries, the University of Texas at Austin.

Cartography for map of El Rondín on page *vi* is by Jonathan Van Coops, who retains the sole copyright for this work. ©2019

El Rondín/Jonathan Van Coops, editor/translator/cartographer.

Includes index

ISBN 10:1-58790-516-7

ISBN 13: 978-1-58790-516-2

Library of Congress Control Number: 2019942891

1. United States – Mexico border (Texas, USA – Chihuahua, Mexico). 2. Texas, USA - Chihuahua, Mexico border. 3. Mexican Revolution-Chihuahua, Mexico. 4. Ojinaga, Chihuahua, Mexico-History. 5. Cuchillo Parado, Chihuahua, Mexico-History. 6. Coyame, Chihuahua, Mexico - History. 7. Río Conchos, Chihuahua, Mexico. 8. Río Bravo (Río Grande), Chihuahua, Mexico, Texas, USA. 9. La Junta de los Ríos, Chihuahua, Mexico, Texas, USA.

Printed and bound in the United States of America

Regent Press
Berkeley, California

www.regentpress.net

email: regentpress@mindspring.com

Dedication

This book is dedicated to the memory of my cousin Elisa (Luján) Pérez (1926-2013),
archivist of the Luján Family in California, New Mexico, Texas, and Chihuahua,
Mexico and to the present matriarch of the Luján clan from Stockton, California, my
mother, Marguerite Van Coops (Margarita Lucia Luján). Their superb curiosity and
encouragement inspired this translation.

Dedicatoria

Esto libro es dedicado a la memoria de mi prima Elisa (Luján) Pérez (1926-2013),
archivista de la familia Luján en California, New Mexico, Texas, y Chihuahua,
Mexico, y al la matriarcha presente de los Lujanes de Stockton, California, mi madre,
Marguerite Van Coops (Margarita Lucia Luján). La curiosidad y estímulo excelente
de ellas inspiraraban esta traducción.

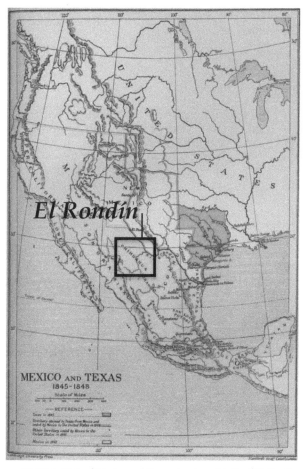

Figure 1. Map of Mexico and Texas showing vicinity of El Rondín.
Base map: Cambridge Atlas of the World, Cambridge University Press, 1912

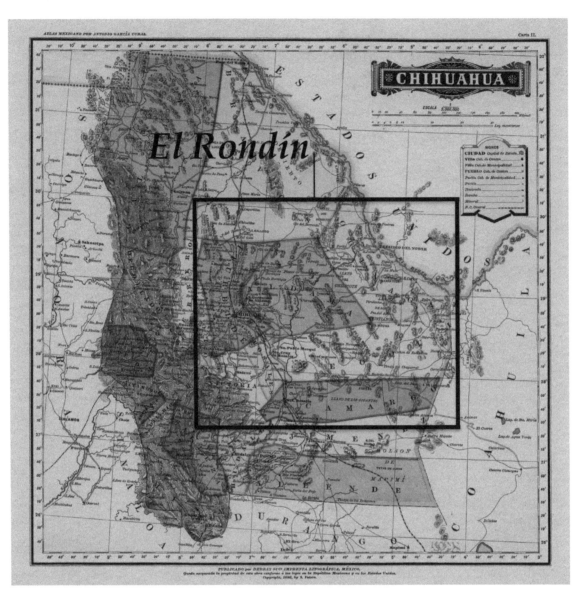

Figure 2. Map of Chihuahua, Mexico showing vicinity of El Rondín.
Base map: Atlas Mexicano por Antonio García Cubas, U.S. Library of Congress, 1886

FOREWORD

I am a great grandson of Esteban Luján, who authored the original *El Rondín* in late 1912.[1] Amidst the violence of the early Mexican Revolution he prepared his manuscript using a manual typewriter. Who knows how one hundred copies of his little book were printed and bound in Cuchillo Parado, Chihuahua, Mexico.[2] That fall, he and his cousin José Luján sold them for fifty *centavos*. I have no idea how many of the original books survived.

As a child I was fascinated listening to family stories of "Papa Esteban" being able to read and write despite having grown up in a place where many were illiterate, how he became a schoolteacher, and served as a scribe and messenger for General Francisco Villa during the Mexican Revolution. However, it wasn't until my forties that I became aware he had also written an account of the military actions of two Colonels, Toribio Ortega and José de la Cruz Sánchez. He wrote about their actions related to the February 1912 uprising of General Pasqual Orozco, Jr. in Chihuahua during the early phase of Francisco I. Madero's presidency — the beginning of a period of tumult and upheaval in Mexico's history lasting into the following decade. Esteban Luján's book is one of the first written accounts of significant events that took place in Chihuahua during the early Revolution.

I received a photo copy of *El Rondín* around 1990, a version that I borrowed from my mother, reproduced and returned. Though she encouraged me to study the details, after a quick look I put it aside, thinking that I would certainly obtain a more legible copy before making the effort to read and decipher the Spanish text.

Inspiration also came from the Luján family historian, my mother's first cousin, Elisa Pérez. Besides being another granddaughter of Esteban Luján, she was extremely curious about the Luján family in Chihuahua and Texas and had a copy of *El Rondín* that she received from the estate of her mother, Ofelia Luján González. Elisa's research had taken her to Ojinaga, Chihuahua City, Redford and El Polvo, Texas, and beyond, allowing her to discover many Luján cousins and other family relatives. She was able to collect voluminous oral information about our family from this region, the place of origin of our native ancestors, called *La Junta de los Ríos* by the earliest Spanish explorers describing the confluence of the two major rivers, the Río Conchos and the Río Bravo (Río Grande). In 2012, she expressed her intent to do something with *El Rondín*, calling our grandfather's little book a significant treasure.

Unfortunately, I have not yet been able to see the book itself and "La Prima" Elisa passed away in October of 2013, too soon to witness the publication of this new version of *El Rondín*, which I have endeavored to produce during my first several years of retirement. It has been a highly enjoyable and somewhat complicated adventure — taking a copy of a 106 year-old Spanish text and creating a legible bilingual version with illustrative maps. My hope is that this "labor of love" will both honor the Luján legacy and give a new life to *El Rondín*, proving it to be of interest to anyone curious about military actions of the early twentieth century that took place in this part of Chihuahua, Mexico, and nearby Texas towns, where destiny changed the lives of *Los Lujanes* and so many others forever.

J.V.C. 30 Nov. 2018

---

[1] In late medieval Spanish military parlance, the word *Rondín* refers to the circuit made around a castle by a corporal visiting sentries and sentinels. "Making a round" and "making the rounds" are English phrases that use the word *round* with equivalent meaning. Anglo-French and Latin in origin, in more modern usage the word *round* can refer to a tour of a geographic area as well as an individual site, and commonly appears in many western European languages to describe a roughly circular route.

[2] In English, *Cuchillo Parado* translates as "Standing Knife."

PRÓLOGO

Yo soy bis-nieto de Esteban Luján, el que escribió *El Rondín* en 1912.[3] Entre la violencia de la Revolución Mexicana, su manuscrito preparó con su máquina manual. Quien sabe como este librito fue imprimido y encuadernado en Cuchillo Parado, Chihuahua, México con cien ejemplares. Esperó a tenerlo listo en el otoño de ese año y, con su primo José Luján, los vendió a cincuenta centavos. No se sabe cuantos libros hayan sobrevivido de los cien originales.

Cuando era niño, me fascinaba escuchar las historias familiares de "Papa Esteban," quien sabía leer y escribir cuando en ese tiempo la mayor parte del pueblo eran analfabetos, como se fue maestro certificado de escuela y también escribano y mensajero del General Francisco Villa durante la Revolución Mexicana. Sin embargo, no fue hasta que tenía cuarenta años que me di cuenta que él había escrito también un relato de las acciones militares de los dos coroneles, Toribio Ortega and José d la Cruz Sánchez.

Lo que él escribió fueron acciones relacionadas con el levantamiento de general Pasqual Orozco, hijo, en Chihuahua contra la revolución en febrero de 1912. Esto fue durante la fase inicial de la presidencia de Francisco I. Madero — un tiempo demasiado tumultuoso y agitado, continuamente, en México que duró hasta la siguiente década. El libro de Esteban Luján es uno de los primeros relatos escritos por un testigo de eventos temprano en Chihuahua durante la Revolución.

Recibí una copia de *El Rondín* alrededor de 1990. Conseguí una fotocopia que me prestó mi madre, la cual reproduje y le devolví su original. A pesar de que me animó a estudiar los detalles, después de un vistazo rápido puse mi copia a un lado, pensando que obtendría una versión más legible antes de hacer el esfuerzo de leer el texto en español.

La inspiración también vino de la historiadora de la familia Luján y prima hermana de mi madre, Elisa Luján Pérez. Además de ser una de las nietas de Esteban Luján, tenía un gran curioso por la historia de la familia Luján en Chihuahua, y Texas y tenía una copia original de *El Rondín* que recibió del patrimonio de su madre, Ofelia Luján Gonzáles. Sus investigaciones la habían llevado a Ojinaga, ciudad de Chihuahua, Bedford y El Polvo, Texas, y más allá. Hiso como 15 o 16 jornadas a las tierras de sus antepasados, y empezó a descubrir y conocer afondo a muchos primos de Luján y otros familias parientes. Empezó a recopilar cuanta información oral y voluminosa sobre las historias de nuestros parientes de esta región, la cuña de nuestras raíces ancestrales, llamado *La Junta de los Ríos* por los primeros exploradores españoles describiendo la confluencia de los dos ríos principales, el Río Conchos y el Río Bravo (Río Grande). En 2012, ella expresó su intención de hacer algo con *El Rondín*, reconociendo que el pequeño libro de nuestro abuelo en verdad era un tesoro de mucha significación histórica.

Desafortunadamente, todavía no he podido ver el libro en sí y "La Prima" falleció en octubre de 2013, sin embargo, demasiado temprano para disfrutar la publicación de la traducción de *El Rondín,* que he tratado de producir durante mis primeros años de retiro. Ha sido una aventura muy divertida y algo complicada: tomar una copia de un texto en español de 106 años y crear una versión bilingüe legible con mapas explicativos. Mi esperanza es que este "trabajo de amor" honre el legado de Luján y le dé una nueva vida a *El Rondín*, que resulta de interés para cualquier persona curiosa sobre las acciones militares de principios del siglo XX que tuvieron lugar en este parte de Chihuahua, México y las ciudades cercanas de Texas, donde el destino cambió las vidas de Los Lujanes y muchos otros para siempre.

J.V.C. 30 Nov. 2018

---

[3] En el lenguaje militar español tardío medieval, la palabra *Rondín* se refiere al circuito hecho de un castillo o cuartel por un centinela y centinela visitante de visita. "Hacer una ronda" y "hacer las rondas" son frases en inglés que usan la palabra ronda con un significado equivalente. De origin anglo-francés y latino, en su uso más moderno, la palabra redondeo puede referirse a un recorrido por un área geográfica, así como un sitio individual, y comúnmente aparece en mchos idiomas de Europa iccidental para describir una ruta aproximadamente circular.

TABLE OF CONTENTS

EL RONDÍN

WRITTEN

by

Esteban Luján

Campaigns of Colonel Toribio Ortega and of Colonel José de la Cruz Sánchez in the Revolution of 1912 from February until the defeat of Orozco in Ojinaga the 14th of September of the same year of 1912.

CUCHILLO PARADO NOV. 30 of 1912

COST 50 CENTS

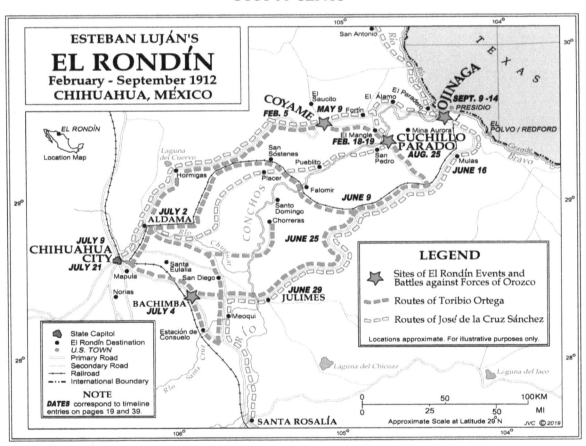

Figure 3. Map of El Rondín, February – September 1912 Chihuahua, Mexico
Cartography by Jonathan Van Coops, ©2019

REBELLION OF GENERAL OROZCO, Junior

Everything seemed tranquil, Mexico was believed to be at peace but silent grudges were hidden like vermin in rough brambles; sentiments of the men with ambitions twisted like snakes furious for escape of their trap.

The fire of warlike remorse communicated its element to the illusions. It searched for a precinct, and found it in Chihuahua; it searched for a commander, and found him in General Orozco. Came the crazy month of February and, in an instant, the warlike fire ignited the State.

Orozco feels the delusions of Sancho Panza.[4] Baco[5] took advantage of the moment when they made Orozco eat of the forbidden tree; and because of this, the malice seized him and… he violated the National precept! He absconded with the arms and munitions that the Nation had entrusted to him, supported bad citizens, and waged war against the Nation.

Colonel Toribio Ortega prepares for the Defense of Cuchillo Parado

Sunrise, the Fifth of February, the year of 1912. The residents of Cuchillo would recall the population breathing the pure air of the morning; it is rumored around six am they heard a strong detonation coming from Coyame. "What's going on?" they said, some to the others, commencing the conjectures after several other detonations thundered like cannon shots. "Listen!" they replied to one another in confusion. Some said, "I believe that something is happening." Others said, "They must be celebrating the Fifth of February," Still others said, "don Herminio R. Ramírez was here and who knows if he has come to agree with Colonel Ortega for some movement of those who smell a coming turmoil." Cadena arrived from the Aurora Mine frightened, immediately searched for Esequiel Montes who he trusts, found him and began an excited discussion.

It was strange that in Coyame they made the Fifth of February solemn, since they had never done so before.

Colonel Ortega remained calm; he didn't seem to call attention to the detonations. Cadena left Montes and appeared to the local municipal authority and called for respectful attention to what had happened in Coyame, and gave them his opinion, expressing it, more or less, in these analogous terms, "I believe that

---

[4] Sancho Panza accompanies Don Quixote on his adventures in Cervantes' famous novel of the same name.

[5] Baco is a reference to the Greek god of wine and feasts, Dionysus.

something serious happened, I have information that H. R. Ramírez came from Chihuahua a short while ago and... that he brought propaganda, I don't know what it is but I suppose what happened in Coyame is some movement and if this is so, danger is imminent, Manuel Meléndez" (Cadena has a close friendship with Meléndez). The authority ignored what was happening in Coyame, and could not give an explanation of what was occurring.

What occurred seemed like nothing but *was* something, something they did not understand.

Cadena left, met with Colonel Ortega and hiding his suspicions, he said to him, "Something happened in Coyame?"

"I don't know," answered the Colonel. Cadena withdrew meditatively; the remaining residents, as if they knew something, were left feeling disturbed and restless.

The Fifth day passed, and then came the Sixth, the day a woman from Coyame, a relative of Ramírez, arrived and said that General Orozco, with all the forces of the State, had risen against the Government, and that Vásquez Gómez supported it, and that what had happened in Coyame was an uprising against the Government authorized by General Orozco. Ortega didn't believe that Orozco would have turned against the Government but, with the utmost reservation, communicated to Governor Abraham Gonzales what had happened in Coyame.

Ortega didn't count even one single soldier for the Federation. Those from Cuchillo who sympathized with Ramírez hoped that they would move against Cuchillo and, simply by seeing it calm, believed that Ortega had been in accord with Ramírez.

It wasn't that Colonel Ortega had been unconcerned or that he agreed with Ramírez; what had happened was that he had no authorization to organize force, which meant that the force he prepared was acquired without the enemy knowing it; a reserve that he retained from those who were free to be recruited before being drafted in an official authorized manner. Regardless, the reserves were ready for whatever could occur.

Meanwhile various other individuals from Cuchillo exhibited sentiments against the Colonel, characterized by alliance with Ramírez based on their not having seen any distress.

In Coyame, Manuel Meléndez, who collaborated with Ramírez, communicated at the time with his brother-in-law Ezequiel Montes who lived in Cuchillo, observed the sentiments face to face, and from whom Meléndez received news of what happened in Cuchillo. Meléndez and Ramírez in, order to ensure their attack against Cuchillo, conceived the plan to first pretend to appear *not* to be in accord with the uprising in Coyame and to arm people for defense of their families and property, and to do this with the people of the two sides, both people of Coyame and of Cuchillo. They believed this left Ortega without force to resist the impulse of revolt and his apprehension without resistance.

Able to work his plan, Meléndez armed people and established his headquarters.

In Cuchillo, Ezequiel Montes confirmed the information that his brother-in-law Meléndez controlled the major part of Coyame and wanted to unite with the town of Cuchillo in order to operate against Ramírez. Meléndez sent a letter to Arcadio Nieto in Cuchillo, inviting him to go with people that he assembled to give assistance to Coyame, so that in return, they would be able to go to Cuchillo in order to help defend that town.

The negotiator Nieto, to see that Meléndez addressed it to him, and not to Colonel Ortega, nor the local municipal authority, gained recognition and was believed to be the leader of the town, much to the excitement of his relatives and friends since it followed to bring Meléndez from Coyame, but....... This was not the effect because Ortega had already known about the movement, and he saw the necessity of clarifying to the town the danger of Meléndez coming to Cuchillo. There would be a certainty that, if Meléndez entered Cuchillo with his armed people and had help from deceived townspeople, the place and its men would become prey for the Reds[6] of Coyame. Ortega and his men would become fallen prisoners, and in consequence, the people of Cuchillo would not have repaid the federal government for the immediate assistance it had provided to the town.

III.[7]

Ramírez and Meléndez saw that their plan to take possession of Cuchillo had lost ground and, before Ortega had assembled a force, Meléndez went with his people to Cuchillo claiming to have left the clutches of Ramírez and that they came seeking refuge. He arrived at 600 meters from the town, and from there sent communication to Arcadio Nieto in which he asked him if it was alright for him and his people to pass to Cuchillo. Nieto, who was not properly convinced, vacillated, saw that the opinion of the town was undecided, and that the problem was greater than what his confused brain could handle. The more he thought, the more confused was his perception of the world. At last he decided to go see the local municipal

---

[6] The "Reds," the "Red Flaggers," and the "Colorados" were other names for the *Orozquistas*, Orozco's rebel forces, who carried the Red Flag.

[7] The original text has no Roman numeral I and II.

authority and gauge his opinion. The Municipal President met with Colonel Ortega, agreeing *not* to give permission to Meléndez to pass to the town with armed people. Nieto gave the opinion of Colonel Ortega in the answer he devised. He wrote to Meléndez that he could not enter the town with armed people and signed it.

Meléndez contacted Nieto. Seeing the final answer with the signature of someone he had had for an ally, he believed Nieto had 'cooked his own stew.'

Meléndez is not well cultivated in letters, but he is clever. He opted to insist on asking them for a meeting with the local municipal authority. The plan's objective was to apprehend Ortega if he was there in person to confer with him; or to coerce the attendees if those he wanted to catch were not there. Meléndez's plan was strategic; since he knew the people of Cuchillo well, he knew that they were ignorant and easily misled.

By my word, I called on Nieto to talk with him about what he agreed to.

Ponciano Torres and Crispín Juárez, who considered themselves important persons and who sympathized with Meléndez, agreed to be appointed as spokespersons.

Ortega, although strong in character and convictions, is not a good judge of character, and believes a smile on the lips is enough to make them faithful friends.

As a result, Ortega sought Torres and Juárez and authorized them to go meet Meléndez and confer, sending them with four additional men. As was expected Meléndez told them that he came to take refuge in Cuchillo and they promised him that they would do whatever it took to ensure that he would be welcomed by Ortega. Meléndez remained there awaiting the result. Ortega understood well the schemes of Meléndez and did not accept; he responded, correcting the earlier promise, and reiterated his earlier denial of entry. Meanwhile, Ortega made preparations for the defense. Meléndez lost the hope of achieving his goal and marched with his people to Coyame to escape. Neither in Coyame nor in Cuchillo had they waged combat.

IV.

Days would pass, then Ortega received mail from Professor Mr. Braulio Hernandez in Pueblito, inviting him to take part in the revolution. Ortega answered that he wasn't willing to contribute to the revolution, that it would weaken the peace in his town for the men who were occupied with work.

From Pueblito Hernandez went to Coyame to join with those from Coyame already rising up in arms. Ortega communicated to Colonel José de la Cruz Sánchez in Ojinaga the movement of Hernandez. Sánchez, in answering Ortega, offered to be ready to give auxiliary help in case it was necessary.

V.

The 18[8] of February at three-thirty in the afternoon, from Cuchillo, they saw a huge cloud of dust along the road that passes to El Mangle.[8] Minutes later, they saw a column go down to El Mangle, to the vehicle road, where Professor Hernandez, Ramírez and Meléndez with 270 men were heading to attack Cuchillo, believing that Ortega had no preparations of defense.

At discovering Hernandez with all his forces, Ortega communicated to Coronel Sánchez in Ojinaga what had occurred and requested quick help. Professor Hernandez followed the march to Cuchillo as if the town was already his, but upon approaching to 600 meters he observed that the town was fortified for its defense, suspended the march, circled his cavalry and then took formation. From there, he sent communications to Colonel Ortega requesting entrance to the town, offering to not cause harm of any kind, and stating that he had no intentions against the life of any person.

Colonel Ortega did not accept the proposal and answered that the entrance by his people would not be permitted, that the town did not have the resources to receive them and that to enter would leave the town without equipment needed for continuing their work. The next day (the 19th) Hernandez requested permission to speak to the town. Ortega answered in the negative.

Professor Hernandez owed the disappointment to those from Coyame who induced him to go to Cuchillo, persuading him that they would have no difficulty in taking the town; but having received the diappointment he ordered the withdrawal without having fired a shot.

<<<>>>　　<<<>>>　　<<<>>>

Major Piña.
The Force of Ojinaga arrives at Cuchillo
in auxiliary of Ortega

On the 21st in the afternoon Major Espiridion Piña arrived at Cuchillo in support of Ortega (auxiliary reserve) with 23 men that Colonel Sánchez controlled. The Sánchez auxiliary took notice that Ortega's reduced numbers were useless, since otherwise upon their arrival the town would have been closed; they would not have

---

[8] El Mangle is on the opposite side of the Río Conchos and 4 km/2.5 mi northwest of Cuchillo Parado.

been able to enter, and that because the town was open like it was, Ortega's force was not sufficient to pursue the enemy. The next day Piña left Cuchillo towards Paradero in order to find the route that the insurrectionists took, but not managing to ascertain this he returned to Ojinaga.

Colonel Ortega prepares for the Campaign

By the date of the 21st of February, Colonel Ortega had not received a response from Governor Gonzales and decided to arm 25 men, at his own expense, who would serve as Officers in case he received authorization to organize force. The prevention of Ortega's arming people and his greatly reduced numbers had created a greater danger: being spied upon by a powerful enemy so nearby. But Ortega had not miscalculated, he understood in the enemy force the lack of unity resulting from the antagonistic motivations from the past and those created by the local politics. He calculated to give the 25 recruits time for preparation before experiencing their first attack. As it went, on the 22nd he received an order from the Governor Abraham Gonzales to organize the best force possible for pursuit of Ramírez.

Colonel Ortega began the registration of recruits and in three days had an army of 60 men under his command.

Capture and Liberation of David Guajaca

The 24th of February at the Hacienda of Cacahuatal nearby Cuchillo, Mr. David Guajaca appeared with five men, to announce to the neighbors of the Hacienda that he had propaganda in order to gather armed people in the name of General Orozco. They apprehended him, and took him to Cuchillo. They presented him to Colonel Ortega and he declared to the Colonel that by order of General Orozco he had been recruiting people to guard the railroad from Chihuahua to Falomir. At that date, Ortega didn't know with certainty that General Orozco had rebelled in arms against the Government, though he had already decided to raise them.... Guajaca assured him that General Orozco seemed faithful to the Government but since Ortega was uncertain, he detained Guajaca. The same day Ortega sent a telegram to Governor Gonzales giving him account of Guajaca's actions, a telegram that did not arrive at its destination because the telegraph lines had been cut.

Since the telegram had to be given to Colonel Sánchez in Ojinaga for its passage to the Governor, and in consequence of days passing without having an answer, Ortega resolved to free Guajaca so as not to interrupt orders of Orozco, whom he still considered loyal to the Government and commanding officer of the arms of the state. David Guajaca went to Pueblito and continued his advance to Chorreras, Placer, Santo Domingo and Santa Cristina, recruiting people until the number of 25 men, who he sent to Chihuahua and delivered to General Orozco.

<<<>>>   <<<>>>   <<<>>>

BRIGADIER GENERAL A. SANGINES
Takes the control of the Rural forces of
Ojinaga and Cuchillo Parado

At the beginning of the month of March, Colonel Sánchez, in Ojinaga, received a telegram from the Mexican Consul in El Paso, Texas, Mr. E. C. Llorente, in which he communicated that General Agustín Sangines had been sent to Ojinaga. Colonel Sánchez prepared to receive him since he would arrive at the town of Ojinaga, placing Sánchez, of course, subject to the orders of the General.

General Sangines made, of course, some arrangements in the force of Sánchez and officially went to Colonel Ortega in Ojinaga to inform him of the authorization he had for unifying the command of the forces of Ojinaga and Cuchillo. Ortega did not know that Sangines was a General for the Federal Government, and didn't decide to recognize him until after he knew that he had been accompanied by Dr. Luiz de la Garza Cárdenas, in whom he had confidence and trust.

General Sangines took control of the two forces of Sánchez and Ortega, and was occupied with reorganizing the corps and preparing the campaign by improving the armaments. He arranged the administration of the corps that, until that date, had not gone as preferred.

To prepare the campaign, General Sangines sent Captains Alatorre and Ortíz to make a reconnaissance of the territories of "El Álamo, Fortín, Cuchillo Parado, Cierra del Chilicote, Norias and La Mula," mapping the lands visited, followed by distributing people at those points most convenient for spying on the enemy should they approach the regional zone under his control. In Coyame, I noted a detachment of 160 men composed of the two corps "from Ojinaga and Cuchillo Parado" at the orders of Major Espiridion Piña.

Since the town of Coyame had been occupied by Federal forces, the Colorados from Coyame in Chihuahua at that time were not able to get news of the fate of their families in Coyame and tried very hard to meet with General Orozco, who could permit them to attack Piña and to occupy Coyame with Colorados. Orozco at last accepted and gave Manuel Meléndez 80 men for the attack on Piña. The force of Meléndez was inferior to what Piña had, but Meléndez, as stated above, is very clever.

In order to approach Coyame, he sent an Officer to Piña ordering the disoccupation of the town and stating that if it wasn't done by the end of four hours, he would use the full power of his force (which was not in Piña's view). He signed it "First Captain of the National Revolutionary Forces." Piña feared being attacked in the town, and left at that time, deciding to go to the hills immediately to the East of Coyame. Meléndez took the opportunity to send a party of his people to the town and, once in town, managed to confer with Piña and invited him to unite — an invitation that Piña did not accept. However, Meléndez took great advantage of Piña and, by his schemes, caused the Major to retreat to Cuchillo.

Sangines orders the Campaign

The Eighth of May Ortega received an order from General Sangines to attack Meléndez in Coyame and dislodge the enemy there permanently. Ortega ordered his advance and, in the early hours of the Ninth, attacked the first positions that occupied the hills to the East of Coyame, dislodging the enemy from their advantageous positions and forcing them to reconcentrate in the town. Ortega, positioned at the Cerro de la Capilla, had control of the water from the source where it was provided to the town.

With the advantage of having control of the water he saw no necessity for his people to battle their way to the center of the town, knowing for certain that the enemy already without water would surrender. The gunfire followed here and there without causing considerable harm. The third day they felt the lack of water in the town. Ortega reinforced the Cerro de la Capilla anticipating that they would be attacked there with force by the enemy in order to get the water, and so it was, Meléndez passed the midnight commanding the attack on the Cerro de la Capilla. He fought the struggle with boldness, bombs and rifle fire, but the Cerro was defended with tenacity. The Colorados retreated, reconcentrating in the town without managing to get the water that they so needed. Ortega, believing that it was the moment when they would accept surrender, proposed to them that they surrender, guaranteeing them life.

Well-informed persons say that Meléndez was in agreement with the surrender, but that the townspeople did not want to give up. The answer that they would not surrender confirms that this is true since it was not signed by Meléndez nor anyone else, instead having the signature "El Pueblo."

Ortega communicated to the General Sangines in Ojinaga the state of the struggle. Sangines understood that the triumph was Ortega's and decided to go to the same battlefield, taking Colonel Sánchez and 75 cavalrymen of the Force of Ojinaga to escort him. Sangines arrived to the campsite of Ortega, and took command of the battle. Sangines is well-versed in regulations and very cunning, but that was not what was needed there. They needed a commander who understands his people, their ideas, their capacities, and their education in the duty of war. Sangines did not understand his people and …… left in failure, gaining himself a regretful retreat. Ortega left with 100 men of the cavalry under his direct command and succeeded in dispersing 300 men that had come from the mountains to the Southwest to assist to the Colorados in Coyame.

When Ortega had triumphed, he received an order from General Sangines to withdraw to Cuchillo. Ortega to his disappointment had to obey, leaving the small force of Meléndez the only enemy that remained in the town. Ortega arrived at the place where he believed his General was, and found the camp deserted. All had disappeared from there. To where? There was no one to ask.

There, the next day, he received reiteration from Sangines to withdraw to Cuchillo (where he supposed his General now was). Meléndez observed that Ortega had retreated, proceeded to reverse the battlefields, and the town was saved from death by thirst as had been proposed before they surrendered.

Ortega recovered from the enemy five firearms, 27 horses, 22 mounts, a few munitions and one prisoner. Under Sangines, the forces of Coronel Sánchez lost a few munitions, a one tripod-mounted machine gun and other trifles.

In the battle of Coyame, Captains Alberto Ortiz and Leobardo Manzano performed very well, though ultimately they were denied by some the acknowledgement they deserved due to a lack of understanding of the value of action with prudence.

General Sangines in Cuchillo Parado

It was the 14th of May, past seven in the morning, when Colonel Ortega found where General Sangines had made his quarters nearby Coyame. Sangines arrived at Cuchillo mounted on his horse with only one escort, Miguel Subiste. While he took lunch, he was informed that Ortega had not arrived, and reissued orders for his return to Cuchillo. Colonel Ortega made his entrance in town the afternoon of the next day.

Since the force of Sangines was more dispersed, he ordered Sánchez to reorganize his force and leave towards Juárez to battle a party of rebels marauding in that direction.

Colonel Sánchez completed his mission and returned to his destination, the town of Ojinaga.

The ninth of June Sangines ordered Colonel Ortega to take 75 men to San Sóstenes and follow the rail line toward Chihuahua until he arrived there, burning railroad bridges. Ortega took care of completing this mission and returned to Cuchillo. The order to burn the bridges had the objective of impeding Orozco's embarkation of his forces for Cuchillo, something that was not then Orozco's intention to do; but he and Colorados were dealt a big blow since, at the time, they favored the embarkation to Chihuahua and the wheat of the Haciendas of Pueblito and Chorreras. The approach of Ortega to Chihuahua gave great alarm to Orozco because he thought Sangines was going to Chihuahua and since he was being attacked in Bachimba at the same time. Sangines had not ordered the move as the Colorados suspected. The object was, as mentioned above, to impede Orozco's embarkation of troops for Cuchillo.

Sangines' stay in Cuchillo seemed to be unsatisfactory. He became... I don't know what— he had a bit of continual funk, but this, in its major part, he knew to conceal. After a few days he ordered Colonel Sánchez to lead a column to Santa Rosalía in auxiliary of Mr. Rosalio who defended the cause of the Government in that region, and sent Colonel Sánchez to Lieutenant José Licón with 40 men for the effort.

The 16th of June Sangines left Cuchillo headed for Santa Rosalía with an escort of 40 to 50 men, giving responsibility for the armories to Colonel Ortega in Cuchillo, and to Colonel Sánchez in Ojinaga.

<<<>>>   <<<>>>   <<<>>>

Ortega leaves Cuchillo to reunite with the Columns of General Huerta

The 25th of June Colonel Ortega received an order from General Sangines to proceed towards Julimes, and to battle the enemy if they encountered them there. The next day Ortega left with his entire cavalry and by the 29th they were in Julimes without encountering any enemy to battle. From there Sangines sent them to Mioqui and the next day to Estación Consuelo, where they incorporated with the troop columns of the commanding General, Victoriano Huerta. There, Lieutenant Licón came with the people he brought from Ojinaga.

Coronel Ortega carries out the Orders of Coronel O. Horan

The First day of July the troop columns of General Huerta advanced in the direction of Bachimba, taking three days to arrive there. This was due to the precautionary march required by the explosive mines that had been placed along the route of railroad, and the fact that they only walked where they could first explore. The third day the forces of the Federation were in front of the enemy in Bachimba: Colonel Horan was assigned to the left side with whom we are going to see Colonel Ortega operate for the first time under another's command, since in previous battles he has always operated according to his own discretion and always with enthusiasm; now we will see him carry out the orders of another commander and witness the results. Horan placed his batteries for the attack, and Ortega was placed to the right with his people at the vanguard of the columns of the Brigade of the Colonel, his commander. The artillery commenced firing on the easier targets until discovering the enemy in the distant points of the mountains.

Horan next ordered the advance of columns towards the enemy. They held their fire, Colonel Ortega advanced to the enemy camp, and after an hour of intense fire Ortega occupied the mountain abandoned by the enemy, arriving alongside the formation of 23 men and those remaining from the Brigade of their Commander Horan.

Since reserve troops within the forces did not have the necessary discipline, in some cases they did not comply with the orders of attack. Ortega understood his people's limitations but also knew which of these to conceal, and to render the battle information about his people very heroic before his Superior.

Among the people of Cuchillo there had been from the beginning some opportunists that simultaneously worked to get agreements but wanted to use what they accomplished to entice the armed troops in order to be proclaimed their commander.

Since these instigators had many relatives in the troops, and they came from the same town, they had influence over these people, and this circumstance brought continuous grave difficulties that Colonel Ortega had to overcome by the force of reason, exhortations, polemics, etc., but like it is usually said, "that which with repair you cover, the real defect you discover." There were the frequent instances in which Colonel Ortega had to fight, not just against the enemy, but with his own people, because as mentioned elsewhere, Ortega is not a good judge of men, something that allowed into his troops the various opportunists that have given him so much to do.

To linger in the reference, I have had to account for the necessity to anticipate the reader so that he will understand the facts that were to happen next. The retreat of Orozco in Bachimba was carried out such that it was spoken of as a defeat. Ortega with Horan flanking on the left followed the advance of the trains until reaching the Estación de Mápula near Chihuahua City, his destination for sheltering his people from the obstacles that followed the columns of the Army as they advanced to the Capital — Chihuahua City. Ortega followed in that manner until entering the city.

Ortega in Chihuahua

In Chihuahua City, Colonel Ortega quartered his forces composed of three companies in a poplar grove to the west of the center of the city since there was nowhere to accommodate them, and 20 days passed without his troops receiving pay for their services. The men with pretentions who sensed the opportune moments to degrade their commander and attract the ignorant soldiers, implanted in them the idea that Colonel Ortega didn't care for their well-being, and told them that after they served they would be abandoned — hungry, in whatever poplar grove was standing near a city. Ortega did not have culpability in those circumstances, because they had lodged in a poplar grove right away since no house had been available until then, and in explaining the fact that their pay had been delayed, it wasn't a thing in itself without outside causes, and resulted from the circumstances of the campaign. However, the ignorant people who do not examine in depth believe the jabbering's of any parrot, and delivered their faith to whatever fermented. Ortega, as on other various occasions, calmed them and the next day transported each company to a house.

The Third Company was composed of people from the Mine of Santa Eulalia and with them was a guard named Domingo Villarreal de la Garza who had accompanied them from Cuchillo. Villarreal de la Garza is very ambitious and pretentious. He looked for a way to make his ascent and found no opportunity. Nevertheless, employing the weapons of flattery, he proposed to Colonel Ortega that he be allowed to recruit people in Santa Eulalia in order to augment his forces. Ortega believed the proposal was good, and authorized him to make the recruitment. Villarreal de la Garza left for Santa Eulalía and made speeches to the mine workers but, since they already knew him and understood that the mule was told: "He who you don't know, you buy," the presence of Colonel Ortega was necessary, for whom they recruited over 60 men. Villarreal, who had looked for the opportunity to gain the upper hand, found it. He convinced Colonel Ortega that First Corporal Felix Velarde, who commanded the Third Company, had enticed the people to separate, and advised him to demote Velarde before a breakdown of people occurred.

Ortega detailed the recruits to the incomplete Third Company, the company that Villarreal had ambitions for and claimed to have initiated and organized.

That which Villarreal accused Velarde of was false but accomplished the deception of Colonel Ortega, who then removed Velarde from the control of the Third Company. Trusting Villarreal, Ortega made him First Corporal and replaced Velarde with him. Ambition did exist in Velarde but his intentions were far from that which Villarreal had accused him of: Velarde had claimed that he was organizer of a corps but only with people that he himself conscripted and that he had asked the town of Santa Eulalia for shelter, not intending to seize what they had, as Villarreal and those with more schemes than he, had claimed.

While this happened in the Third Company, other subversions occurred in the Second Company, and part of the First.

Ponciano Torres, who was one of those escorting General Sangines when he left Cuchillo for Santa Rosalía and who, before his departure, had commanded the Second Company, came to Chihuahua City at that time and assumed that he had returned to command it, alone or together with the soldiers that had proclaimed him commander, independent of Colonel Ortega.

Colonel Ortega notified the Headquarters of what Torres claimed and prohibited entry of the quarters by his troops.

The Second of July, Ortega received an order to go to recover Aldama, Ormigas, Falomir, Chorreras, and San Diego, and to pursue the enemy in those directions. Ortega left, recovered the designated points and pursued a party of rebels that left Ormigas headed towards San Diego, but his cavalry reached a bad situation until they gave the horses range. From San Diego they went to Chihuahua City making their entry the 21st of the same month. Until that date Ortega's force had not used uniforms and to order them he planned to leave on a new expedition to Cuchillo. He ordered his troops to wear uniforms, to be furnished by the Headquarters.

During the time of Ortega's campaign, from his departure in Cuchillo until the occupation of the Capital, Colonel Sánchez left Ojinaga for Cuchillo and went from there to Pueblito, where he stayed until he had news of the triumph of General Huerta in Bachimba. Then he headed to Aldama and from there to Chihuahua City (the Ninth of July). From Chihuahua he left for Ojinaga taking Coyame where he caught 23 prisoners. From there, he headed to Cuchillo and after eight days left for Ojinaga.

ORTEGA PREPARES FOR THE ADVANCE
Leaves for Cuchillo

The 26th and 27th of July Ortega received sufficient uniforms for his troops, and ordered their distribution. The officers and troops who, through persuasion, intended to separate from Ortega became agitated, the pretext being that clothed in the campaign uniforms they would be viewed with contempt. Ortega and officers who served in good faith tried hard to ease their faked assumptions but it was useless and, in order to calm them, Ortega allowed them the khaki uniforms that they chose, the troops agreeing to buy them at their own expense, and with this he kept their predisposed feelings controlled. Ortega was sorry that the military superiors saw such ridiculous affronts from the people of his town and those under his command, but there was no remedy because the officers, some faithful and others antagonistic, were incapable of leading their own troops. They allowed instigations in their presence, bad talk about the commanders, and the lack of respect reached such a point that it was considered a game amongst them; and if they remained in the corps it was because by following their Commander they received their pay. Colonel Ortega had much affection for the town of Cuchillo; it hurt him to know how many unruly ones were among his people. That same day he quartered his troops and ordered the advance. His force formed in front of the federal palace where the headquarters was and they were received with splendid pieces of military music. After half an hour they marched in formation to his native land. Once on the road, the instigators rejecting the campaign uniforms were the first to request them. When they arrived to Cuchillo all had received the campaign uniforms. The people of Cuchillo are, for the most part good, but due to their ignorance are gullible and easily misled: as such, they are capable of the best and the worst. Ortega took seven prisoners during his march and was received in Cuchillo with great jubilation and bell ringing.

Upon his arrival Colonel Ortega spoke to Colonel Sánchez. A few days later Sánchez informed Ortega that San Antonio had been invaded by 100 Colorados on orders from Manuel Meléndez, and that he had already sent Major Piña to pursue him. He recommended giving assistance if Piña requested it.

Ortega had been ready for the first moment but had no news from Piña until, from El Sausito,[9] he communicated that he went to find Meléndez, that he had waged combat with H. R. Ramírez in the "Saus Pul," and that he took some prisoners. Ortega decided to find him and the next day Piña entered Cuchillo (the 12th of August). The next day Piña left for Ojinaga. In the meantime, Ortega increased his forces and issued discharges to many, putting smiles on their faces. Although Ortega is of strong ideas, valiant in danger, he lacks perspective for the study of hidden agendas. This brought, in many cases, the eclipse of the glories to which he is entitled by his bold courage and firm beliefs. According to new information that I believe, he introduced opportunists who united with other instigators he had already brought in, intending to create a new rift destroying his force, as had happened nearby.

ORTEGA ORDERS THE DICIPLINE OF HIS TROOPS

The 23rd of August Colonel Ortega ordered that, for as long as they stayed in the town, he would invoke military discipline for his troops since the local officers were unable to change their habits — the first obstacle for bringing discipline within the troops. The Colonel, in giving the order for discipline of his people, did not take into account this circumstance: the influence of Villarreal, whom Ortega has not vetted, and who he considers to be the most loyal and apt collaborator with him. He is mistaken, and the disappointment will come. The troops and officers, since not accustomed to him, thought that he wanted them to make a line of troops. They considered this ridiculous and didn't want to train. The Colonel insisted that they comply with his order and the troops opposed it. The opportunists persuaded the troops to disobey and what resulted was that 68 men were insubordinate. Ortega

---

[9] A reference to Rancho El Sausito

ordered them to surrender their arms and those insubordinate refused to do so. He wanted to disarm them using the rest of the force but the rest refused to assist.

Ortega, who had always been able to deal with the discontent of his people, whose prestige he had elevated, was presented with the situation of not being able to cover the stain of their insubordination: giving up the good reputation Ortega had gained for them. The intentions of Villarreal had been to take the name of — organizer, but he lacks wisdom. This happened with Ortega's first attempted discipline. Because of this, he lost one third of his people and military supplies of war to Villarreal (the 24th of August).

ORTEGA is attacked by General Orozco

The 25th, about three in the afternoon, Ortega, with 150 men, was attacked by the forces of Orozco numbering 1200 men. The Río Conchos had no crossings, and shots were fired from each side of the river to the other side. The shooting like this was endured for five days, and ultimately Ortega was attacked from the direction of San Pedro and left the town for the hills: The forces of Orozco entered the town, ransacked the houses and, after three days, withdrew.

Once back in Cuchillo, Ortega received an order from General Téllez to incorporate with the federal force that had been sent to Ojinaga, and joined with their march in support of Sánchez in Ojinaga.

Sánchez is attacked in Ojinaga

Ojinaga garrisoned 200 men between *Rurales*,[10] civil servants or government officials, and the local garrison.

On the Ninth of September at three in the afternoon Orozco appeared in front of Ojinaga, made a full attack, and towards the end of two days of fierce combat, the defenders evacuated the town.

Orozco entered the town with his orders that for two days they would ransack the town. He executed various wretches that, simply for being found drunk, would end up never leaving town.

---

[10] "*Rurales*" is a reference to the rural police.

DEFEAT of OROZCO in Ojinaga

Orozco had occupied the town for two days when (the 14th of September), about three in the afternoon, he received an advisory that the federal troops had surrounded the town. He prepared for the defense. Ortega commenced the attack by the Cañada Ancha, dislodged the enemy, and then advanced to the town. The federal troops advanced by the chaparral and bank of the Río Bravo.

Orozco's people were so alarmed to see the advance of the Federation that they became panicked. Already they thought of no more than to save themselves. The battle had destroyed everything. The Colorados dispersed towards the side of the farmed fields.[11] Midnight passed and the town fell to Colonel Landa, who had directed the attack.

The defeat of Orozco in Ojinaga was complete. He lost his implements of war, and almost all of his people were dead, injured, drowned, prisoners and dispersed. Seeing the town for the Federation, the residents of Ojinaga swarmed to occupy their abandoned houses for fear of the depredations of the Colorados, which they themselves had not done when they occupied those of the Red Flag. This demonstrates that the town of Ojinaga does not sympathize with the cause of the Colorados.

—The End —

---

[11] "the side of the farmed fields" is a reference to cultivated lands north of the the Río Conchos, and east of the Río Bravo (Río Grande) within Texas.

Figure 4. Toribio Ortega, 1878-1914. Ortega was made a Brigadier General, but died in July of 1914 at age 35 years due to typhoid fever. The image shows General Ortega, in a long dark overcoat, standing alongside General Villa.
(Image courtesy of the University of Texas Libraries, The University of Texas at Austin)

Translator's Note

      Esteban Luján wrote *El Rondín* over a century ago using notes taken during times of major duress due to battles and war. His style contains a number of poetic phrases and idioms that require interpretation as well as translation. I have been fortunate to be assisted in this effort by a group including some who knew Esteban personally, and several others more fluent in Spanish than I am. Internet tools and resources were also employed. As a geographer by profession, not a linguist or historian, I endeavored to ensure correctness of any interpretations in order to maintain the context and meaning of Esteban Luján's written Spanish. I also chose to present my great grandfather's first-person account in modern Spanish, English and in its original 1912 Spanish format (Appendix 1). My hope is that *each* version of *El Rondín* preserves detailed heritage for my family and provides useful material for others interested in events that took place during 1912 in Chihuahua.

Chronology of El Rondín

Monday, February 5, 1912 – Sunrise; Strong detonations in Coyame
Tuesday, February 6, 1912 – News from Coyame that Pasqual Orozco, Jr. has risen against the Government
Sunday, February 18, 1912 - 3:30 pm; At Cuchillo, Colonel Toribio Ortega denies entry of Professor Braulio Hernandez and 270 men
Monday, February 19, 1912 – Colonel Ortega rejects request by Professor Hernandez to speak to the people of Cuchillo
Wednesday, February 21, 1912 – Afternoon; Major Espiridion Piña and 23 men arrive at Cuchillo. Colonel Ortega arms 25 men
Thursday, February 22, 1912 – Governor Abraham Gonzales orders Colonel Ortega to organize a force and pursue Herminio Ramírez
Saturday, February 24, 1912 – David Guajaca detained at Cuchillo

Beginning of March, 1912 – Colonel Sánchez receives notice from Mexican Consul E. C. Llorente in El Paso, Texas that General Agustín Sangines has been ordered to arrive in Ojinaga and take control of the Rurales - the rural police or guard, forces of Colonel Jose de la Cruz Sánchez and Colonel Ortega

Wednesday, May 8, 1912 – Colonel Ortega receives an order from General Sangines to attack Manuel Meléndez in Coyame
Thursday, May 9, 1912 – Colonel Ortega attacks Coyame
Tuesday, May 14, 1912 – General Sangines arrives at Cuchillo

Sunday, June 9, 1912 – Col. Ortega receives order to burn railroad bridges
Sunday, June 16, 1912 – General Sangines leaves for Santa Rosalía
Tuesday, June 25, 1912 – Colonel Ortega receives order to go to Julimes
Sunday, June 30, 1912 - Colonel Ortega and his cavalry troops are incorporated with the forces of General Victoriano Huerta

Monday, July 1, 1912 – Gen. Huerta's columns advance to Bachimba
*Tuesday, July 2, 1912 –*Colonel Ortega receives an order to recover Aldama, Ormigas, Falomir, Chorreas, and San Diego
Thursday, July 4, 1912 – Orozco's forces are defeated at Bachimba
Tuesday, July 9, 1912 - Colonel Sánchez arrives in Chihuahua City
Sunday, July 21, 1912 – Colonel Ortega enters Chihuahua City
Friday-Saturday, July 26-27, 1912 – Colonel Ortega receives uniforms

Monday, August 12, 1912 - Major Piña enters Cuchillo
Friday, August 23, 1912 – Colonel Ortega disciplines his troops
Sunday, August 25, 1912 – 3 pm; Coronel Ortega is attacked in Cuchillo by General Orozco's force of 1200 men

Monday, September 9, 1912 – 3 pm; Colonel Sánchez is attacked in Ojinaga by General Orozco's forces
Wednesday, September 11, 1912 - General Orozco's forces enter Ojinaga, looting and pillaging the town for two days
Saturday, September 14, 1912 – 3 pm; Gen. Huerta's Federal troops attack and, by midnight, completely defeat Gen. Orozco's forces in Ojinaga

Other Events in 1912

January 6 – New Mexico becomes 47th U.S. State.

February 14 – Arizona becomes 48th U.S. State.

April 15 – RMS Titanic sinks.

May 11 - Alaska becomes U.S. Territory.
June 6 – Major eruption of Novarupta volcano in Alaska.

August 4 – U.S. Marines invade Nicaragua.

November 8 – Woodrow Wilson elected 28th U.S. President.

Figure 5. General Pasqual Orozco, Jr. 1882-1915. Pasqual Orozco, Jr., from a second-generation Basque immigrant family, is often described as having been a muleteer, however, he operated a successful metal (gold, silver, tungsten) transport business which allowed him to eventually buy a gold mine, the proceeds of which he used to personally finance his 1912 uprising and other campaigns for as long as possible, until his death at age 33 in August of 1915.
(Images courtesy of the University of Texas Libraries, The University of Texas at Austin)

Figure 6. Toribio Ortega, seated second from left; José de la Cruz Sánchez seated third from left
(Image courtesy of the El Paso Public Library)

Nota del Traductor

Esteban Luján escribió *El Rondín* hace más de un siglo usando notas tomadas en tiempos de mayor imposicién a los bolas y la guerra. Su estilo contiene una serie de frases poéticas y idiomas que requieren interpretación y traducción. He tenido la suerte de recibir ayuda en este esfuerzo por parte de un grupo que incluye a algunos que conocían a Esteban personalmente y a otros con más fluidos en español que yo. Herramientas de internet también fueron empleadas. Como geógrafo de profesión, no lingüista o historiador, me esforcé por garantizar la corrección de cualquier interpretación para mantener el contexto y el significado del español escrito de Esteban Luján. También eligí presentar el relato en primera parte de mi bisabuelo en español moderno, inglés y su format original de 1912 en español (Apéndice 1). Mi esperanza es que *cada* versión de *El Rondín* conserve el patrimonio detallado para mi familia y proporcione material útil para otros personas interesadas en los eventos que tuvieron lugar durante 1912 en Chihuahua.

EL RONDÍN

ESCRITO

por

Esteban Luján

Campañas del coronel Toribio Ortega y del coronel José de la Cruz Sánchez en la Revolución de 1912 desde febrero hasta la derrota de Orozco en Ojinaga al 14 de septiembre del mismo año de 1912.

CUCHILLO PARADO NOV. 30 de 1912

VALE 50 CENTAVOS

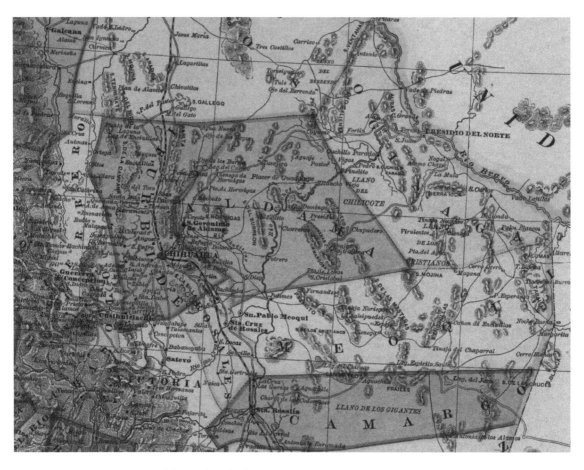

Figure 7. Parte del mapa de Chihuahua que muestra detalles de paisaje en el área de El Rondín
Mapa base: Atlas Mexicano por Antonio García Cubas, Biblioteca del Congreso de los Estados Unidos, 1886
(Nota: Presidio del Norte fue renombrado Ojinaga en 1865.)

REBELIÓN DEL GENERAL OROZCO, Hijo

Parecia todo tranquilo, la paz en México se creía un hecho; pero, sordos rencores se ocultavan como sabandijas en escabrosas breñas, ánimos de ambiciosos retorcían cual culebra furiosa por escape de su presa.

El fuego del remordimiento bélico comunica su elemento a las ilusiones, buscan recinto, lo encuentran en Chihuahua, buscan jefe, lo encuentran en el General Orozco, viene el loco mes de febrero, el fuego bélico como de un sopio enciende el estado.

Orozco siente los delirios de Sancho Panza[12]; Baco[13] aprovecha el momento, hace a Orozco comer del árbol vedado; y de él se apodera la malicia, y …… quebranto el presepto ¡Nacional! Arrebata las armas que la Nación le había confiado, lo secundan malos ciudadanos y hacen fuego contra la Nación.

El coronel Toribio Ortega se prepara para la defensa de Cuchillo Parado

Amaneció el día 5 de febrero del año de 1912. Los habitantes de Cuchillo recorrían la población respirando el aire puro de la mañana, suena las seis, se oyen rumbo á Coyame fuertes detenaciones. ¿Que pasa? Se decían los unos a los otros, comenzaron las conjeturaciones luego otros truenos a manera de cañonazos. ¡Oye! se decían, y se contestaban entre confusos, — unos, yo creo que algo hay; Otros, — estarán celebrando el cinco de febrero, — Otros decían, don Herminio R. Ramírez estuvo aquí y quien sabe si haya venido-a-poner de acuerdo al coronel Ortega para algún movimiento de los que huelan a pólvora, llega Cadena sobresaltado de la "Mina La Aurora," busca con presición a don Esequiel Montes con quien tiene estrecha amistad, lo encuentra y trabaron una discusión exaltante.

Era extraño que en Coyame solemnizaran el 5 de febrero, pues nunca lo hacían.

El coronel Ortega permanecía tranquilo, parecía no llamarle la atención las detonaciones. Cadena deja a Montes y se presenta a la Autoridad Política y le llama la atención respecto a lo que pasará en Coyame, y le da su parecer, expresándolo, más o menos, en estos análogos términos. "Yo creo que algo serio pasa, tengo informes de que D. H. R. Ramírez hase poco vino de Chihuahua y …… que trae propaganda, no sé cuál sea, pero me supongo lo que pasa en Coyame es algún

---

[12] Sancho Panza acompañaba don Quijote en sus aventuras en Cervantes' novela famosa del mismo nombre.
[13] Baco es una referencia al dios Greco de la viña y la fiesta, Dionisos.

movimiento y si es así, corre peligro, don Manuel Meléndez (Cadena tiene estrecha amistad con Meléndez). La Autoridad ignoraba lo que pasaba en Coyame, no podía dar explicación de lo que ocurría.

Lo ocurrido parecía nada, pero era algo, pero ése algo no se sabía.

Cadena salió, ocurre con el coronel Ortega y disimulándole sospechas le dice: ¿algo pasará en Coyame? — No sé le contestó el coronel. Cadena se retiró meditabundo; los demás habitantes, como si algo supieran se dejaba ver en ellos inquietud en sus ánimos.

Pasa el día 5, vino el día 6, fecha en que llega de Coyame una Señora parienta de Ramírez y dijo: que el General Orozco con todas las fuerzas del Estado se había levantado contra el Gobierno, y que lo apoyaba Vásquez Gómez, y que lo que pasaba en Coyame era un levantamiento contra el Gobierno con autorización del General Orozco; Ortega no creyó que Orozco se hubiera volteado contra el Gobierno, pero con la mayor reserva comunicó al Gobernador Abrraham Gonzales lo que pasaba en Coyame.

Ortega no contaba aun ni con un solo soldado por la Federación. Los Cuchillenes que tienen por mal hombre a Ramírez, esperaban que se moviera contra Cuchillo y creían que Ortega estuviera de acuerdo con Ramírez por el sencillo creer de verlo tranquilo.

No era que el coronel Ortega estuviera tranquilo, ni que estuviera de acuerdo con Ramírez; lo que pasaba en él era que no tenía autorización para organizar fuerza, en tal caso, la fuerza de que disponía era la reserva para adquirírsela sin que el enemigo lo sintiera, cuya reserva supo retener y lo que lo libró de ser atrapado antes de hacerse fuerte de manera autorizada, no obstante, las seguridades de reserva, estaba listo para lo que pudiera ocurrir.

Entre tantos varios individuos del mismo pueblo de Cuchillo, excitaban los ánimos contra el coronel, calificándolo de aliado con Ramírez fundándose en que ellos no le veían apuro.

En Coyame, don M. Meléndez que obraba de acuerdo con Ramírez, se comunicaba a la vez con su cuñado don Ezequiel Montes que vivía en Cuchillo y que observaba los ánimos cara a cara, de quien Meléndez recibía noticias de lo que pasaba un Cuchillo. —Meléndez y Ramírez para asegurar el golpe sobre Cuchillo, concibieron el plan de simular el primero no estar de acuerdo con el levantamiento en Coyame y armar gente para defensa de su persona e intereses, y hacerse así de la gente de los dos bandos, tanto de la gente de Coyame como de la de Cuchillo: con lo que creían dejar a Ortega sin fuerza para resistir el empuje de revuelta y apoderarse de él sin resistencia.

Pusieron en obra su plan, Meléndez armó gente y estableció su cuartel.

Don Ezequiel Montes en Cuchillo confirmaba la especie de que su cuñado Meléndez tenía la mayor parte del pueblo de Coyame y que quería unirse al pueblo de Cuchillo para operar contra Ramírez. Meléndez dirigió carta a don Arcadio Nieto a Cuchillo, invitándolo para que con la gente que se consiguiera, le fuera a dar auxilio a Coyame para poder salir de aquella plaza y dirigirse a Cuchillo para ayudarlos a defender la plaza.

El referido Nieto, al ver que Meléndez se dirigía a él y no al coronel Ortega, ni a la Autoridad Política, lo dominó el amor propio y se creyó ser el principal del pueblo, entusiasmó a muchos de sus parientes y amigos para que lo siguieran a traer a Meléndez de Coyame, pero……. no tuvo efecto por que Ortega que espiaba el movimiento, se vio en la necesidad de aclararle al pueblo en peligro de la venida de Meléndez a Cuchillo — Habría sido un hecho, si Meléndez entra a Cuchillo con su gente armada y con ayuda de la gente engañada del mismo pueblo, — la plaza y sus hombres habrían si lo presa de los Rojos de Coyame,[14] Ortega y los suyos habrían caído prisioneros, y en consecuencia, el pueblo de Cuchillo no habría prestado a Gobierno los altos servicios que a prestado.

III.[15]

Ramírez y Meléndez vieron que su plan de apoderarse de Cuchillo perdía terreno, y antes que Ortega se hiciera fuerte, salió Meléndez con su gente a Cuchillo fingiendo haber salido de las garras de Ramírez, y que venía a Cuchillo a refugiarse, llegó a 600 metros de la plaza, de allí dirigió comunicación a Arcadio Nieto, en la que le decía si contaba con él y a su gente para pasar a Cuchillo; Nieto que no es de convicciones propias vaciló, veía que la opinión del pueblo estaba indecisa y que el problema estaba más arriba de su oscuro cerebro, y cuanto más pensaba, más oscuro le parecía el mundo: por fin decidió ir a ver a la Autoridad Política y pulsarle su parecer. El Presidente Municipal ocurrió al coronel Ortega siendo de acuerdo en no dejar pasar a Meléndez a la plaza con gente armada. Nieto dejó al parecer del coronel Ortega lo que debiera contestar, echa ésta en la que se le decía a Meléndez que no entrara a la plaza con gente armada, Nieto la firmó.

Meléndez que contaba con Nieto, al ver la contestación calzada con la firma de quien tenía por su aliado, creyó que Nieto le falsificaba sus propios guisos.

Meléndez no es bien cultivado en letras, pero si es de astucias. Optó por insistir con la Autoridad Política pidiéndole una embajada, el plan tenía por objeto

---

[14] Los "Rojos" y los "Colorados" eran otros nombres para los Orozquistas, las fuerzas rebeldes de Pasqual Orozco, hijo, que llevaban la Bandera Roja.

[15] El texto original no tenía los números Romano I y II.

lograr aprehender a Ortega si iba en persona a conferenciar con él; o alucinar a los embajadores si no eran los que él quería coger. El plan de Meléndez era estratégico, pues conocía bien la gente de Cuchillo, sabía que era gente ignorante y fácil para la seducción.

De palabra llamó a Nieto para hablar con él a lo que Nieto accedió.

Ponciano Torres y Crispín Juárez que entre sí se tienen por personas importantes y que simpatizaban con Meléndez, se acompañaron en que se los nombrara de conferenciadores.

Ortega, aunque es de mucha firmeza en su carácter y convocaciones, no es de gente penetrante para estudiar en los hombres de una fe que basta ver los con sonrisa en los labios para tenerlos por fieles en su amistad.

Por esta flora lo cogió Torres y Juárez y Ortega los autorizó para que pasaran a donde estaba Meléndez a conferenciar, dándoles cuatro hombres más: como era claro Meléndez se echó a los conferenciadores, los soltó creídos que venía a refugiarse a Cuchillo y la prometieron hacer lo posible con Ortega para que fuera bien recibido. Meléndez quedo en su punto en espera del resultado, — Ortega conocía bien las ocultas de Meléndez y no lo aceptó, se le contestó, rectificándole la contestación anterior. — Entre tanto, Ortega hacía los preparativos para la defensa. Meléndez perdida la esperanza de lograr su propósito, desfilo con su gente para el lugar (Coyame) donde por escape había salido, sin que en Coyame ni en Cuchillo hubiera librado combate.

IV.

Pasaron días, Ortega recibe carta del Profesor don Braulio Hernandez que del Pueblito le dirigía, invitándolo a tomar parte en la revolución; Ortega le contestó no estar dispuesto a coadyubar a la revolución, que él deseaba la paz en su pueblo para que sus hombres se ocuparan del trabajo.

De Pueblito se dirigió Hernandez a Coyame a unirse con los Coyamenses ya levantados en armas.

Ortega comunicó al coronel don José de la Cruz Sánchez en Ojinaga el movimiento de Hernandez; Sánchez en contestación ofrecía a Ortega estar listo para auxiliarlo en caso necesario.

V.

El dieciocho de febrero a las tres y media de la tarde se vio de Cuchillo un polvaderón a lo largo del camino que pasa por el Mangle[16]. Minutos después, se vio la columna bajar por el Mangle, por el camino de rueda, era el Profesor Hernandez,

---

[16] El Mangle esta en el contra lado del Río Conchos, apróximo 4 km/2.5 mi norte-oeste de Cuchillo Parado.

Ramírez y Meléndez que con 270 hombres se dirigían a atacar a Cuchillo, creyendo que Ortega no tenía preparativos de defensa.

Al descubrirse Hernandez con toda su fuerza, Ortega comunicó al coronel Sánchez en Ojinaga lo ocurrido y le pedía pronto auxilio. El Profesor Hernandez siguió la marcha a Cuchillo como si la plaza estuviese por de él, pero al acercarse como a 600 metros observó que el pueblo estaba fortificado para su defensa, suspendió la marcha; hizo caracolear su caballería y en seguida tomaron formación. — De allí dirigió comunicaciones al coronel Ortega pidiéndole la entrada a la plaza ofreciendo no causar daño, de ninguna clase, que no intentaban contra la vida de persona alguna.

El coronel Ortega no aceptó la propuesta y contestó que no permitirla la entrada de su gente, que el pueblo no tenía recursos para recibirlos y que, al entrar, sería dejar al pueblo sin elementos para que continuaran en sus trabajos. El día siguiente (19) solicitó Hernandez permiso para hablarle al pueblo. Ortega contesto negativamente.

El Profesor Hernandez debió el chasco a los Coyamenses que lo indujeron a ir a Cuchillo, persuadiéndolo de que no tendrían dificultad para la toma de la plaza; pero recibido el desengaño ordenó la retirada sin haberse disparado un tiro.

El Mayor Piña
De la Fuerza de Ojinaga llega a Cuchillo
en auxilio de Ortega

El veintiuno en la tarde llegó a Cuchillo el Mayor don Espiridion Piña con 23 hombres que el coronel Sánchez mando en auxilio de Ortega (auxilio tarde). El auxilio que mandaba Sánchez atendido a su reducido número era inútil, porque dado el caso que a su llegada a la plaza estuviera cercada, no habrían podido llegar, y si estaba libre como la halló, no era suficiente para hacer la persecución del enemigo. Piña el día siguiente salió de Cuchillo rumbo al Paradero en espía del rumbo que tomaran los insurrectos, pero no logrando el averiguarlo se volvió a Ojinaga.

El coronel Ortega se prepara para la Campaña

A la feche del 21 de febrero, no había recibido el coronel Ortega resolución del Gobernador Gonzales, se decidió a armar a sus propias expensas veinticinco hombres que le sirvieran de Oficialidad en caso de recibir autorización para organizar fuerza. La prevención de Ortega de arma gente y su tan reducido número, lo habría puesto en peor peligro, por estar espiado de enemigo poderoso tan de cerca. Pero Ortega no se equivocaba, comprendía en la fuerza enemiga la falta de uniformidad motivada por las ambiciones antagónicas creadas por las políticas locales y de antaño, calculaba le dieran tiempo para aprestarse antes de ser nuevamente atacado. Así fue, el día 22 recibió orden por el Gobernador don Abraham Gonzales de organizar la mayor fuerza posible para perseguir a Ramírez.

El coronel Ortega abrió el registre de nitas y en tres días tuvo a sus órdenes una armada de 60 hombres.

Captura y Libertad de David Guajaca

El 24 de febrero se presentó en la Hacienda del Cacahuatal cerca de Cuchillo el Sr. David Guajaca con cinco hombres, al notar los vecinos de la Hacienda que Guajaca hacía propaganda para agruparse gente armada a nombre del General Orozco. Lo aprehendieron y lo condujeron a Cuchillo. Lo presentaron al coronel Ortega: el coronel lo declaró y en su declaración dijo: que de orden del General Orozco andaba reclutando gente para resguardar la vía ferrera de Chihuahua a Falomir. A la fecha, Ortega no sabía con certeza que el General Orozco se hubiera revelado en armas contra el Gobierno, pero ya se decía que estaba por levantarse…... Guajaca aseguraba que el General Orozco permanecía fiel al Gobierno, pero como Ortega estaba incierto, detuvo a Guajaca. En la misma fecha puso Ortega un telegrama al Gobernador Gonzales dándole cuenta de la comisión de Guajaca, telegrama que no llegó a su destino por que las vías telegráficas estaban cortadas.

Como el telegrama lo había mandado al coronel Sánchez en Ojinaga para que por su conducto pasara al Gobernador, y en consecuencia de pasar días sin tener contestación, resolvió poner en libertad a Guajaca por no interrumpir ordenes de Orozco a quien tenía por fiel al Gobierno, y en funciones como jefe de las armas del Estado. David Guajaca se fue a Pueblito y siguió su marcha a Chorreras, Placer, Santo Domingo y Santa Cristina, reclutando gente hasta el número de veinticinco hombres, los dirigió a Chihuahua y los entrego al General Orozco.

<<<>>>   <<<>>>   <<<>>>

EL GENERAL BRIGADIER A. SANGINES
Toma el mando de las fuerzas Rurales de
Ojinaga y Cuchillo Parado

A principio del mes de marzo, recibió el coronel Sánchez en Ojinaga un telegrama del Cónsul Mexicano en El Paso, Texas, Sr. E. C. Llorente, en el que le comunicaba que el General Agustín Sangines se dirigía a Ojinaga. El coronel Sánchez se preparó para recibirlo como lo hizo al llegar éste a la plaza de Ojinaga, poniéndose Sánchez desde luego a las órdenes del General.

El General Sangines hizo desde luego algunos arreglos en la fuerza de Sánchez, y se dirigió en Oficio al coronel Ortega para que pasara a Ojinaga a comunicarle la autorización que traía para unificar el mando de las fuerzas de Ojinaga y Cuchillo. Ortega no tenía conocimiento de que Sangines fuese General por parte del Gobierno y no se decidió desde luego a reconocerle, sino hasta después de saber que lo acompañaba el Dr. D. Luis de la Garza Cárdenas de quien tenía confianza y seguridad.

Al mando del General Sangines las dos fuerzas de Sánchez y Ortega, el General se ocupó de reorganizar los cuerpos y preparar la campaña mejorando el armamento, arreglo la administración de los cuerpos que hasta esa fecha la planta administrativa caminaba imperfecta.

Para preparar la campaña, mandó el General Sangines a los Capitanes Alatorre y Ortiz, hicieron un reconocimiento de los terrenos "El Álamo, Fortín, Cuchillo Parado, Cierra del Chilicote, Norias y La Mula," levantando planos de los terrenos visitados, en seguida distribuyó gente en los puntos más convenientes para espiar al enemigo si se acercaba en la zona regional de su mando. En Coyame destacó a órdenes del Mayor Espiridion Piña una fuerza de 160 hombres compuesta de los dos cuerpos "de Ojinaga y Cuchillo Parado."

Los Rojos Coyamenses en Chihuahua, con motivo de estar el pueblo de Coyame ocupado por fuerza Federal, no podían tener noticias exactas de la suerte de sus familias en Coyame y se esforzaban por conseguir con el General Orozco que, les permitiera venir atacar a Piña y ocupar Coyame con fuerzas Rojas; Orozco por fin accedió, le dio a don Manuel Meléndez 80 hombres para que atacar a Piña. La fuerza de Meléndez era inferior a la que tenía Piña, pero Meléndez como dije en otro lugar es de mucha astucia, al acercarse a Coyame, dirigió a Piña un oficio ordenándole la desocupación de la plaza y que, si no lo hacía en el término de cuatro horas, le echaría encima su poderosa fuerza, (la Fuerza de Meléndez no estaba a la vista) se firmaba "Capitán 1° de las fuerzas Nacionales Revolucionarias." Piña temió que, al ser atacado en el pueblo, lo fuera a la vez por el pueblo, y resolvió salirse a los cerros inmediatos al E. de Coyame. Meléndez metió oportunamente una partida de su gente al pueblo, y ya en el pueblo logró conferenciar con Piña, lo invitaba a que se le uniera; invite que Piña no aceptó, pero Meléndez sacó mucha ventaja sobre Piña, con sus ardides lo hizo retirarse a Cuchillo.

Sangines ordena la Campaña

El día 8 de mayo recibió Ortega orden del General Sangines de atacar a Meléndez en Coyame y desalojado el enemigo permaneciera en Coyame; Ortega ordenó su marcha y el día nueve en la madrugada dio el ataque a los primeros retenes que ocupaban los cerros al E. de Coyame, desalojándolos de sus ventajosas posiciones y reconcentrándolos al pueblo. Ortega posesionado del Cerro de la Capilla tenía por suya el agua de donde se proveía el pueblo.

Con la ventaja de tienes él, el agua, ya no veía la necesidad de meter a fuego su gente al centro del pueblo, teniendo por seguro que el enemigo ya sin agua se rendiría. El tiroteo seguía entre unos y otros sin causarse daño de consideración. El tercer día se sintió en el pueblo la falta del agua. Ortega reforzó el Cerro de la Capilla esperando que allí debería ser atacado con fuerza por el enemigo para conseguirse el agua, así fue, Meléndez pasada la media noche mando a atacar el Cerro de la Capilla, la lucha se trabó con denuedo, con bombas y fusilería, pero el Cerro fue defendido tenazmente; los Rojos retrocedieron reconcentrándose al pueblo sin lograr hacerse del agua que tanto necesitaban. Ortega creyendo que era el momento en que admitieran rendición les propuso se rindieran garantizándoles la vida.

Por personas bien informadadas aseguran que Meléndez convenía en la rendición, pero que el pueblo no quiso rendirse. La contestación confirma esta verdad, pues ya no la firmó Meléndez ni nadie, traía por firma "El Pueblo" que contestaba no rendirse.

Ortega comunicó al General Sangines en Ojinaga el estado de la lucha. Sangines debió comprender que el triunfo estaba por Ortega y resolvió ir el mismo al campo de batalla, llevándose al coronel Sánchez y 75 hombres de caballería de la fuerza de Ojinaga que lo escoltaran. Llegó Sangines al campamento de Ortega, tomó la dirección de la batalla. Sangines es muy versado en política y de mucha astucia, pero allí no era eso lo que se necesitaba, — allí se necesitaba un jefe conocedor de la gente, sus ideas, su capacidad y de su educación en el deber de la guerra. Sangines no tenía en si esos conocimientos con la gente y …… fue el fracaso, de gano tuvo una retirada lamentosa. Ortega fue el que con 100 hombres de su caballería que traía a su mando directo, tuvo la gloria de dispersar a 300 hombres que por los Cerros al S. O. cerca de Coyame venían en auxilio de los Coyamenses.

Cuando Ortega tenía el triunfo, recibió orden del General Sangines de retirarse a Cuchillo. Ortega a su pesar tuvo que obedecer, dejando la pequeña fuerza de Meléndez único enemigo que quedaba en la plaza. Llegó Ortega al lugar donde creía hallar a su General, encuentra el campo desierto; todos habían desaparecido de allí, ¿A dónde? No había a quien preguntar.

Allá recibe el día siguiente reitero de Sangines de retirarse a Cuchillo (supo donde estaba su General). Meléndez al observar que Ortega se había retirado, mando revisar los campos de batalla, y el pueblo se salvó de morir de sed a que estaba propuesto antes que rendirse.

Ortega recogió del enemigo cinco armas, 27 caballos, 22 monturas, pocas municiones y un prisionero. Sangines, de las fuerzas de coronel Sánchez perdió pocas municiones y un triple de ametralladora y otras frioleras.

En la batalla de Coyame soportaron muy bien los Capitanes, Alberto Ortiz y Leobardo Manzano, aunque al último se le niega por algunos lo que se le debe, es debido a no entender lo que vale el obrar con prudencia.

El General Sangines en Cuchillo Parado

Era el día catorce, pasaban las siete de la mañana cuando el coronel Ortega se encontraba en el lugar donde el General Sangines había tenido su cuartel cerca de Coyame; Sangines llegaba a Cuchillo montado a caballo sin más escolta que Miguel Subiste. Entre tanto tomo un almuerzo, se informó de que Ortega no llegaba, dio órdenes para que regresara a Cuchillo. El coronel Ortega hizo su entrada en aquella plaza en la tarde del día siguiente.

Como la fuerza de Sangines fue la que más se disolvió ordenó a Sánchez reorganizar su fuerza; y hecho por el coronel Sánchez recibió orden de salir rumbo a Ciudad Juárez a combatir una partida de rebeldes que merodeaba por aquel rumbo.

El coronel Sánchez cumplida su comisión volvió a Ojinaga, plaza de su destino.

El nueve de junio (General Sangines) ordenó el coronel Ortega que con 75 hombres fuera a San Sóstenes y siguiera la línea rumbo a Chihuahua hasta donde pudiera llegar, quemando puentes del Ferro Carril, cuya comisión la desempeño Ortega y volvió a Cuchillo. La orden de quemar los puentes tenía por objeto impedir a Orozco el embarque de fuerzas para Cuchillo, cosa que por entonces no estuvo en la mente de Orozco hacerlo; pero que, con ello recibieron los Rojos un gran golpe, pues se supo que en esos días estaban por embarcar para Chihuahua — el trigo de las Haciendas de Pueblito y Chorreras. La aproximación de Ortega a Chihuahua puso en gran alarma a Orozco pues creía que Sangines se dirigía a Chihuahua y que a la vez ser atacado en Bachimba; no era el movimiento de Sangines lo que los Rojos se pensaban; el objeto era como se dijo, impedirle a Orozco el embarque de tropas para Cuchillo.

La permanencia de Sangines en Cuchillo, parecía no serle satisfactoria, pasaba en él un…… no sé qué, lo tenía casi de continuo mohíno pero que casi en su mayor parte sabía disimular; hacía pocos días había ordenado al coronel Sánchez hiciera salir una columna para Santa Rosalía en auxilio de don Rosalío que defendía la causa del Gobierno por aquellas regiones, y al efecto mandó el coronel Sánchez al teniente José Licón con 40 hombres.

El día 16 de junio salió Sangines de Cuchillo con rumbo a Santa Rosalía con una escolta de 40 a 50 hombres, dejando al coronel Ortega jefe de las armas en Cuchillo, y al coronel Sánchez en Ojinaga.

<<<>>>   <<<>>>   <<<>>>

Ortega sale de Cuchillo a reunirse con las Columnas del General Huerta

El 25 recibió el coronel Ortega orden del General Sangines de marchar rumbo a Julimes, y de batir al enemigo si lo encontraba en aquella plaza. Ortega salió con toda su caballería el día siguiente y para el 29 estuvo en Julimes sin encontrar enemigo que combatir, de allí se dirigió a Mioqui y el día siguiente a Estación Consuelo, donde se incorporó con las Columnas del General en jefe Sr. Victoriano Huerta. Allí, venía el teniente Licón con la gente que había sacado de Ojinaga.

El coronel Ortega Opera a las Órdenes del coronel O. Horan

El día 1 de julio avanzaron las columnas del General Huerta dirigiéndose a Bachimba, haciendo tres días para llegar aquel punto, debido a la marcha precautoria que exigían las minas que había puestas por la vía del Ferro Carril, y solo se andaba lo que se podía explorar. El día tres, las fuerzas de la federación estaban frente al enemigo en Bachimba: Al coronel Horan fue destinado al lado de la izquierda con quien vamos a ver operar al coronel Ortega, quien por primera vez iba a operar bajo órdenes ajenas, pues en las batallas que anteriormente había tenido, siempre había operado a sus propias direcciones y siempre con éxito; ahora lo vamos a ver accionar a órdenes de otro jefe y ver sus resultados. Horan colocó sus baterías para el ataque, a Ortega con su gente se le colocó a la derecha y vanguardia de las columnas de la brigada del coronel Horan, su jefe.—La artillería comenzó a hacer las exploraciones convenientes, hasta descubrir al enemigo en los distintos puntos de las Sierras, ordenándose en seguida el avance de Columnas sobre el enemigo, el fuego se rompió, el coronel Ortega avanzó al campo enemigo, a un hora de fuego nutrido Ortega ocupaba la Sierra desocupada por el enemigo, llegando tras las columnas del 23 y demás de la brigada de su jefe Horan.

Como en las fuerzas, irregulares no tienen la disciplina necesaria, no se cumplió en algunos casos con las ordenes de ataque. Ortega comprendido de las faltas de su gente, pero él conocedor de ella, le convino disimular y al rendir su informe de batalla herró mucho a su gente ante su Superior.

Entre la gente de Cuchillo a habido desde su principió algunos ambiciosos que en el mismo cuerpo trabajan por conseguir asensos, pero quieren agarrar de lo hecho empleando la seducción en la tropa armada para ser proclamados jefes.

Como los ambiciosos tienen mucha parentela en la tropa, y ésta está compuesta del mismo pueblo, tienen influencia entre la gente de la misma tropa, y ésta circunstancia traía de continuo graves dificultades que el coronel Ortega tenía que vencer a fuerza de razones, exhortaciones, polémicas etc., pero que como suele decirse, que lo que con remiendo se cubre, el propio defecto descubre, ha dado los frecuentes casos de que el coronel Ortega haya tenido que luchar, no solo contra el enemigo, sino con su misma gente, por que como sé dijo en otra parte, Ortega no es estudiador en los hombres; esto le a traído la entrada a su tropa varios ambiciosos que tanto que hacer le han dado.

Al detenerme en esta referencia he tenido en cuenta la necesidad de anticiparla al lector para que le sirva a la inteligencia de los hechos que en seguida hubieron de suceder. La retirada de Orozco en Bachimba fue precipitada que por decirlo así fue una derrota. Ortega con Horán siguió flanqueando por la izquierda el avance de los trenes hasta la Estación de Mápula cerca de Chihuahua, de allí con su gente se le destinó a resguardar las impedimentas que seguían las columnas del ejército que avanzaban a la capital de Chihuahua, siguiendo Ortega en esa forma hasta la entrada a la ciudad.

Ortega en Chihuahua

En Chihuahua el coronel Ortega acuarteló su fuerza compuesta de tres compañías en una alameda al O. del centro de la ciudad por no haber donde alojarla, pasaban dos decenas que su tropa no había recibido pago por sus servicios. Los pretenciosos que espiaban los momentos para degradar a su jefe y atraerse a los soldados ignorantes, les infundían la idea de que su coronel Ortega no hacía por el bien de ellos, y les decían que después de que le servían los tiraba en cualquier alameda estando en una ciudad, y que los tenía con hambre. Ortega no tenía culpabilidad en aquellas circunstancias, porque, si por de pronto los alojó en una alameda era que no se consiguió casa a propósito desde luego, y en cuanto a que les hubiese demorado los pagos, no era cosa de si, sino de causas ajenas y deja circunstancia de campaña; pero la gente ignorante que no jurga de fondo, cree las charlatanerías de cualquier perico, y se entrega en fe a cualesquier fementido, Ortega como en otras varias ocasiones, los calmó y al día siguiente los transportó a una casa para cada compañía.

La Tercera Compañía estaba compuesta de gente del Mineral de Santa Eulalia y entre ella estaba un guarda llamado Domingo Villarreal de la Garza que desde Cuchillo lo acompañaba. — Villarreal de la Garza es de mucha ambición y pretensiones, buscaba el ascenso, y no tenía oportunidad, no obstante, emplear las armas de la adulación; propuso al coronel Ortega que él podía reclutar gente en Santa Eulalia para aumentarle su fuerza, Ortega creyó buena la propuesta y lo autorizó para que hiciera el reclutamiento. Villarreal de la Garza salió para Santa Eulalia, les hizo llamamiento a los vecinos del mineral, pero como ya lo conocen y saben que mula era le dijeron: "El que no te conozca que te compre" fue necesaria la presencia del coronel Ortega con quien se dieron alta desde luego 60 hombres. Villarreal que buscaba oportunidad de asenso la encontró: persuadió al coronel Ortega, que el Cabo 1° Félix Velarde que comandaba la Tercera Compañía, seducía la gente para que se le separara, y le aconsejaba lo diera de baja antes que ocurriera un desmembramiento de gente.

Ortega destinaba la recluta a la Tercera Compañía que tenía incompleta, a la que Villarreal ambicionaba y pretendía aparecer como impulsador y organizador de ella.

Lo que acusaba Villarreal a Velarde era falso, pero logró engañar al coronel Ortega y le quito a Velarde el mando de la Tercera Compañía, y teniendo por fiel a Villarreal lo hizo Cabo 1°, y con el sustituyo a Velarde. En Velarde existía una ambición, pero esa ambición era distinta a la que Villarreal le acusaba: Velarde lo que pretendía era Organizar él un cuerpo, pero con gente que él consiguiera y pedir la plaza de Santa Eulalia para resguardarla, y no agarrar de lo hecho como Villarreal y los de más ambiciosos lo pretendían.

Entre tanto pasaba esto en la Tercera Compañía, ocurrirán otras seducciones en la Segunda Compañía y parte de la Primera.

Ponciano Torres que era de los que se había llevado el General Sangines cuando salió de Cuchillo para Santa Rosalía y que antes de su salida había comandado La Segunda Compañía había venido a Chihuahua en esos días y pretendía volver comandarla y signaba o instaba a los soldados para que lo proclamaran jefe, independido del coronel Ortega.

El coronel Ortega puso a conocimiento del Cuartel General lo que Torres pretendía y les prohibió la entrada a los cuarteles de su tropa.

El día dos de julio, Ortega recibió orden de ir a recorrer por Aldama, Ormigas, Falomir, Chorreras, y San Diego a perseguir al enemigo que, por esos rumbos, pero dieran, Ortega salió recorrido los puntos que tenía designados, persiguió una partida de rebeldes que salió de Ormigas rumbo a San Diego, pero llevando su caballería en mal estado, lo les dio alcance. — De San Diego se fue a Chihuahua haciendo su entrada el 21 del mismo mes. Hasta la fecha la fuerza de Ortega no usaba uniforme y al ordenársele saliera a nueva expedición para Cuchillo, se le ordenó uniformara su tropa, proporcionándole el Cuartel General los uniformes.

El coronel Sánchez, mientras Ortega hacía la campaña desde su salida de Cuchillo hasta la ocupación de la capital, salió de Ojinaga a Cuchillo, de allí a Pueblito, donde permaneció hasta tener noticia del triunfo de las fuerzas del General Huerta en Bachimba. Luego se dirigió a Aldama y de allí a Chihuahua (9 de julio) de Chihuahua salió para Ojinaga tocando Coyame donde cogió 23 prisioneros, de allí se dirigió a Cuchillo y después de ocho días salió para Ojinaga.

ORTEGA PREPARA LA MARCHA
Sale para Cuchillo

El 26 y 27 de julio recibió Ortega los uniformes suficientes para su tropa, y ordenó su distribución. Los oficiales y tropa que por seducción pretendían separarse de Ortega se exaltaron, pretextaban ser vistos con desprecio al uniformarlos con ropa de campaña. Ortega y oficiales que servían de buena fe se esforzaban por sacar a los excitados de su pretextada suposición, pero fue inútil y Ortega para calmarlos les permitió el uniforme amarillo que ellos eligieron, convino la tropa en comprarlo a su propia costa, y así quedaron arreglados los predispuestos ánimos. Ortega se penaba de que los militares superiores vieran tan ridículas descoladas en la gente de su pueblo y a su mando, pero no lo podía remediar por que los oficiales tanto fieles como pugnantes, eran incapaces para moralizar la tropa que tenía a su mando, consentían seducciones en su presencia, que se hablara mal de los jefes, llegando la falta de respeto a tal grado que la tuvieran entre ellos como un festín, y si permanecían en el cuerpo, era por razón de que siguiendo a su jefe recibía sus haberes. El coronel Ortega tiene mucho cariño por el pueblo de Cuchillo, esto lo penaba de cuanta a descoladas entre su gente. El mismo día encuartelo su tropa y ordenó la marcha. Su fuerza la formó frente al palacio federal donde estaba el Cuartel General, fue recibido con espléndidas piezas de música militar. Después de media hora desfiló en marcha a su tierra natal, ya en camino, los promotores de la repulsa al uniforme de campaña fueron los primeros en pedirlos. Cuando llegaron a Cuchillo habían recibido todos los uniformes de campaña. La gente de Cuchillo casi en su mayor parte es buena, pero debido a su ignorancia, es crédula y fácil a la seducción: así que es capaz de lo mejor hasta lo peor. Ortega en su marcha hizo 7 prisioneros; fue recibido en Cuchillo con gran júbilo y repique de campaña.

El coronel Ortega a su llegada le comunicó al coronel Sánchez. A los pocos días Sánchez comunicó a Ortega que San Antonio estaba invadido por 100 Rojos a ordenes de don Manuel Meléndez y que ya mandaba al Mayor Piña a perseguirlo recomendándole le diera auxilio si Piña se lo pedía.

Ortega estuvo listo para el primer momento, pero no tuvo noticia de Piña hasta que de El Sausito le comunico que lo fuera a encontrar, que había tenido un combate con H. R. Ramírez en el "Saus Pul" y que traía algunos prisioneros; Ortega mandó a encontrarlo y al día siguiente entró Piña a Cuchillo (12 de agosto) El día siguiente salió para Ojinaga. Entre tanto Ortega aumentaba sus fuerzas, admitió altas a cuantos con sonrisa en los labios se le presentaban.

Aunque Ortega es de ideas firmes, valeroso en los peligros, carece de perspicacia para estudiar ocultas ajenas; esto le ha traído en muchos casos el eclipse de las glorias a que es acreedor por su arrojado valor y firmeza de sus ideas. En los nuevos elementos que creo, introdujo ambiciosos que unidos a los que ya traía, tenían que abrir nuevo cráter desgajara su fuerza como no lejos sucedió.

ORTEGA ORDENA SE DICIPLINA SU TROPA

El 23 de agosto ordeno el coronel Ortega, que mientras permanecieran en aquella plaza se disciplinara su tropa, pero como la oficialidad era impotente para moralizar les faltaba preliminar para hacer entrar en su tropa la disciplina. —El coronel al dar la orden de disciplinar su gente, no tomo en cuenta esta circunstancia, lo hizo inducido por Villarreal de quien Ortega no ha hecho estudio y, lo tiene por de los más fieles y aptos colaboradores con él, pero se equivoca, le vendrá el desengaño. La tropa y oficiales como no estaban acostumbrados a ello, comenzaron a creer que los querían hacer tropa de línea; ellos tenían por ridículo hacerlo y no quisieron formar. El coronel insistió se cumpliera su orden; la tropa se oponía; los ambiciosos seducían la tropa, resultado que 68 hombres se insubordinaron. Ortega les ordeno la entrega de las armas, los insubordinados se negaron a entregarlas. Con el resto de la fuerza quiso desarmarlos, pero el resto se negó. Ortega que siempre había podido cubrir la befes de su gente a quien había elevado su prestigio se le presentó el caso de no poder cubrir la mancha de la insubordinación dejando de gozar de la alta fama en que Ortega los había colocado. Las pretensiones de Villarreal han sido ir tomando el nombre de — organizador, pero le falta prudencia. Esto pasó con 1° intentada disciplina. Ortega con ello perdió una tercera parte de su gente y pertrechos de guerra (24 de agosto).

ORTEGA es atacado por el General Orozco

Ortega con 150 hombres, el día 25 como a las tres de la tarde fue atacado por las fuerzas de Orozco en número de 1200 hombres. El Río Conchos no tenía paso, el tiroteo se hacía de un lado al otro del Río: así duró el tiroteo 5 días, en el último fue atacado por el lado de San Pedro y salió del pueblo a la Sierra: Las fuerzas de Orozco entraron al pueblo saquearon las casas y a los 3 días se retiraron.

Ortega ya en Cuchillo recibió orden del General Téllez de incorporarse con la fuerza federal que se dirigía a Ojinaga e incorporado con ella marchó en auxilio de Sánchez en Ojinaga.

Sánchez es atacado en Ojinaga

Ojinaga la guarnecía 200 hombres entre Rurales,[17] fiscales y de guarnición local.

El día 9 a las tres de la tarde se presentó Orozco frente a Ojinaga, atacó por todos, rumbos acabó de 2 días de encarnizado combate evacuara los defensores la plaza.

Orozco entró a la plaza con sus hordas que por 2 días saquearon la plaza, fusiló varios infelices que por encontrarse borrachos no salieron del pueblo.

---

[17] "Rurales" es una referencia a la policía rural.

DERROTA de OROZCO en Ojinaga

Orozco había ocupado la plaza 2 días cuando (el 14 de septiembre) como a las tres de la tarde Orozco recibe aviso de que los federales cercaban la plaza: se preparó para la defensa. Ortega comenzó el ataque por la Cañada Ancha, desalojó al enemigo, siguió el avance al pueblo, los federales avanzaban por el chaparral y orilla del Río Bravo.

La gente de Orozco se alarmó tanto al ver el avanse de la Federación que se convirtió en pánico: ya no pensó más que en salvarse. El fuego se rompió por todos partes, los Rojos salieron a la desbandada por el lado de la labor.[18] Pasada la medio noche, la plaza estaba por el coronel Landa que era quien dirigió el ataque.

La derrota de Orozco en Ojinaga fue completa, perdió sus elementos de Guerra, casi toda su gente entre muertos, heridos, ahogados, prisioneros y dispersos: Los habitantes de Ojinaga, al ver la plaza por la Federación, ocurrían como enjambre a ocupar sus casas abandonadas por temor de los depredaciones de los Rojos, lo que no hicieron cuando ocupaban los de la Bandera Roja. Eso demuestra que el pueblo de Ojinaga no simpatiza con la — Cauza - Roja.

— Fin —

---

[18] "el lado de la labor" es una referencia a la tierra cultivado al norte del Río Conchos, y al este del Río Bravo (Río Grande) entre Texas.

Chronología de El Rondín

Lunes, 5 de febrero, 1912 – Amaneció; Fuertes detonaciones en Coyame
Martes, 6 de febrero, 1912 – Noticias desde Coyame que Pasqual Orozco, hijo, se había levantado contra el gobierno
Domingo, 18 de febrero, 1912 - 3:30 pm; En Cuchillo, el coronel Toribio Ortega no permitió la entrada del profesor Braulio Hernandez con 270 hombres
Lunes, 19 de febrero, 1912 – El coronel Ortega desmiente la solicitud del Profesor Hernandez para hablar ante el pueblo
Miércoles, 21 de febrero, 1912 – El Alcalde (o president municipal) Espiridion Piña con 23 hombres llegó a Cuchillo. El coronel Ortega armó a 25 hombres
Jueves, 22 de febrero, 1912 – Recibió el coronel Ortega orden por el gobernador Abraham Gonzales de perseguir a Herminio Ramírez
Sábado, 24 de febrero, 1912 – En Cuchillo, Sr. David Guajaca es detenido

Principio de marzo, 1912 – Recibió el coronel Sánchez un comunicación del Cónsul Mexicano en El Paso, Texas, Sr. E. C. Llorente, que el General Agustín Sangines se dirigía a Ojinaga a tomar el mando de las fuerzas Rurales de Ojinaga y Cuchillo Parado

Miércoles, 8 de mayo, 1912 – Recibió el coronel Ortega orden del General Sangines de atacar a Manuel Meléndez en Coyame
Jueves, 9 de mayo, 1912 – El coronel Ortega dio el ataque a Coyame
Martes, 14 de mayo, 1912 – Llegó el General Sangines a Cuchillo

Domingo, 9 de junio, 1912 – Recibió el coronel Ortega orden de quemar los puentes del Ferro Carril
Domingo, 16 de junio, 1912 – Salió el General Sangines a Santa Rosalía
Martes, 25 de junio, 1912 – Recibió el coronel Ortega orden de marchar rumbo a Julimes
Sábado, 29 de junio, 1912 – Llegó el coronel Ortega en Julimes
Domingo, 30 de junio, 1912 – El coronel Ortega con su caballería se incorporó con las columnas del Gen. en jéfe Sr. Victoriano Huerta

Lunes, 1 de julio, 1912 – Avanzaron del General Huerta a Bachimba
Martes, 2 de julio, 1912 – Recibió el coronel Ortega orden de ir a recorrer por Aldama, Ormigas, Falomir, Chorreas, y San Diego
Jueves, 4 de julio, 1912 – Las fuerzas del Orozco fue derrotado en Bachimba
Martes, 9 de julio, 1912 – Llegó el coronel Sánchez a Chihuahua
Domingo, 21 de julio, 1912 – Entró el coronel Ortega a Chihuahua
Viernes-Sábado, 26-27 de julio, 1912 – Recibió el coronel Ortega uniformes

Lunes, 12 de agosto, 1912 – Entrada del Major Piña a Cuchillo
Viernes, 23 de agosto, 1912 – El coronel Ortega se disciplina su tropa
Domingo, 25 de agosto, 1912 – 3 pm; El coronel Ortega fue atacado por las fuerzas de Orozco en número de 1200 hombres

Lunes – Miércoles, 9 – 11 de septiembre, 1912 – En Ojinaga, El Coronel Sánchez fue atacado por las fuerzas de Orozco
Miércoles, 11 de septiembre, 1912 – Las fuerzas del Gen. Orozco entraron a Ojinaga y por dos días saquearon la plaza
Sábado, 14 de septiembre, 1912 – 3 pm; En Ojinaga, tropas Federales de Huerta atacaron y completaron la derrota de Orozco (el hijo) como a eso de la media noche

Eventos Otros en 1912

6 de enero – Nuevo México es admitido a la unión norteamericano a el estado número 47 de los EEUU.
14 de febrero – Arizona es admitido a la unión norteamericano a el estado número 48 de los EEUU.

15 de abril – RMS Titánica se hunde.

11 de mayo - Alaska llegó a ser territorio de los EEUU.
6 de junio – Erupción mayor en Alaska del volcán Novarupta.

4 de agosto – Infanteria de la marina de los EEUU invadieron a Nicaragua.

8 de noviembre – Woodrow Wilson fué elegido president número 28 de los EEUU.

APPENDIX 1 – Facsimile of 1912 version of El Rondín

Note – These images were made from photo copies of the printed pages in Esteban Luján's original 1912 book. This is the source material from which both the modern Spanish version and English translation of El Rondín were developed.

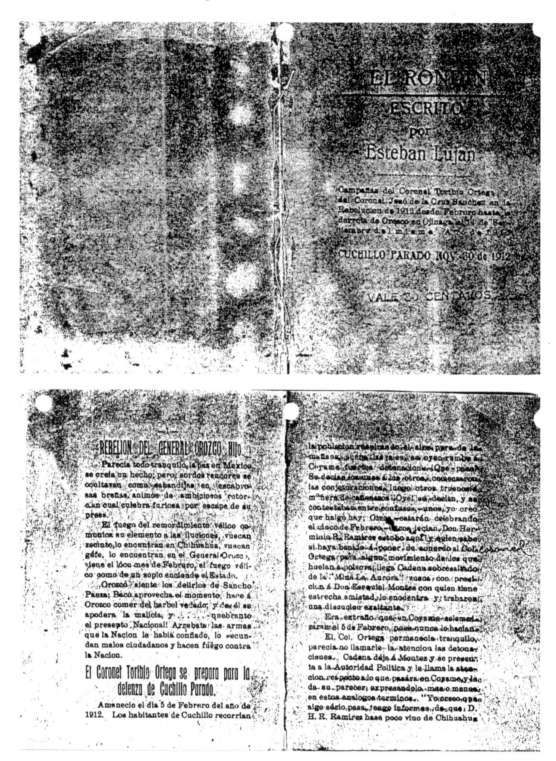

Appendix 1 – Blank Page, Title Page/Cover, Pages 1-2

y ......, que trae propaganda no sé cual séa pero me supongo lo que pasa en Coyame es algun movimiento y si es asi, corre peligro Don Manuel Melendez, (Cadena tiene estrecha amistad con Melendez)la Autoridad ignorava lo que pasaba en Coyame, no podia dar explicacion de lo que ocurria.

Lo ocurrido parecia nada pero hera algo, pero ése algo no se sabia.

Cadena salio, ocurre con el Col. Ortega y dicimulandole sospechas le dice: algo pasa-á en Coyame?—No sé le contestó el Coronel. Cadena se retiro meditavundo; los demas habitantes, como si algo supieran se dejava ver en éllos inquietud en sus animos.

Pasa el dia 5, vino el dia 6? fecha en que llega de Coyame una Señora parienta de Ramirez y dijo: que el General Orozco con todas las fuerzas del Estado se había levantado contra el Govierno, y que lo apollava Vasquez Gomez, y que lo que pasaba en Coyame hera un levantamiento contra el Gobierno con autorizacion del General Orozco; Ortega no creyó que Orozco se hubiera volteado contra el Gobierno, pero con la mayor reserva comunicó al Gobernador Gonzales lo que pasaba en Coyame.

Ortega no contava aun ni con un solo

soldado por la Federacion. Los Ouchillenses que tienen por mal hombre á Ramirez, esperavan que se moviera contra Cuchillo y creian que Ortega estubiera de acuerdo con Ramires, por el sencillo creér de verlo trnquilo.

No héra que el Coronel Ortega estubiera tarnquilo, ni que estubiera de acuerdo con Ramirez; lo que pasaba en él héra que no tenia autorizacion para organizar fuerza, en tal caso, la fuerza de que disponia héra la reserva para adquirircela sin que el enemigo lo sintiera, cuya reserva supo retener y lo que lo libro de ser atrapado ántes de hacerce fuerte de manera autorizada, no obstante las segoridades de reserva, estava listo para lo que pudiera ocurrir.

Entre tanto varios indibiduos del mismo pueblo de Cuchillo, exitavan los animos contra el Coronel, calificandolo de aliado con Ramires fundándose en que éllos no le veian apuro.

En Coyame, Don M. Meléndez que obrava de acuerdo con Ramirez, se comuncaba a la vez con su cuñado Don Ezequiel Montes que vivia en Cuchillo y que observava los animos cára á cára, de quien Melendez recebia noticias de lo que pasaba en Cuchillo.—Melen-

dez y Ramirez para asegurar el golpe sobre Cuchillo, concibieron el plan de simular el primero no estar de acuerdo con el levantamiento en Coyame y armar gente para defenza de su persona ó intereses, y hacerce así de la gente de los dos vandos, tanto de la gente de Coyame como de la de Cuchillo: con lo que creian dejar á Ortega sin fuerza para resistir el empuje de revuelta y apoderarse de él sin resistencia.

Pucieron en obra su plan, Melendez armó gente y establecio su cuartel.

Don Ezequiel Montes en Cuchillo confirmava la especie de que su cuñado Melendez tenia la mayor parte del Pueblo de Coyame y que queria unirce al Pueblo de Cuchillo para operar contra Ramirez. Melendez dirigio carta á Don Arcadio Nieto á Cuchillo, invitandolo para que con la gente que se consiguiera, le fuera a dar auxilio á Coyame para poder salir de aquella plaza y dirigirse a Cuchillo para alludarlos a defender la plaza.

El referido Nieto, al ver que Melendez se dirigia á él y no al Coronel Ortega, ni á la Autoridad Politica, lo dominó el amor propio y se creyó sér el principal del Pueblo, entuciasmó a muchos de sus parientes y

amigos para que lo siguieran á traer á Melendez de Coyame, pero ...... no tuvo efecto por que Ortega que espiava el movimiento, se vio en la nesecidad de aclararle al Pueblo el peligro de la venida de Melendez á Cuchillo.—Habria sido un hecho, si Melendez entra á Cuchillo con su gente armada y con ayuda de la gente engañada del mismo pueblo,—la plaza y sus hombres hibrian sido presa de los Rojos de Coyame, Ortega y los suyos habrian caido pricioneros, y en consecuencia, el Pueblo de Cuchillo no habria prestado al Gobierno los altos servicios que á prestado.

III.

Ramirez y Melendez vieron que su plan de apoderarce de Cuchillo perdia terreno, y ántes que Ortega se hiziera fuerte, salio Melendez con su gente á Cuchillo fingiendo haber salido de las garras de Ramirez, y que venia á Cuchillo á refugiarce, llegó á 600 metros de la Plaza, de ayi dirigio comunicación á Arcadio Nieto, en la que le decia si contava con él y su gente para pasar á Cuchillo; Nieto que no es de convicciones propias vacilo, veia que la opinion del Pueblo estava indecisa y que el problema estaba mas arriba de su oscuro cerebro,

Appendix 1 – Pages 3-6

Profesor Don Braulio Hernández que del Pueblito le dirigía, invitándolo á tomar parte en la revolución; Ortega le contestó no estar dispuesto á coadyuhar á la revolución, que él deceava la paz en su pueblo para que sus hombres se ocuparan del trabajo.

De Pueblito se dirigió Hernández á Coyame á unirce con los Cayamenses ya levantados en armas.

Ortega comunico al Coronel Don José de la Cruz Sánchez en Ojinaga el movimiento de Hernández; Sánchez en contestación ofrecía á Ortega estar listo para auxiliarlo en caso necesario.

V.

El diesiocho de Febrero á las tres y media de la tarde se vió de Cuchillo un polvaredón a lo largo del camino que pasa por el Mangle, minutos despues, se vió la columna bajar por el Mangle, por el camino de rueda, héra el Profesor Hernández, Ramirez y Melendes que con 270 hombres se dirigian á atacar á Cuchillo, creyendo que Ortega no tenia preparativos de defensa.

Al descubrirce Hernández con toda su fuerza, Ortega comunico al Coronel Sánchez en Ojinaga lo ocurrido y le pedia pronto auxilio.

El Prof. Hernández siguió la marcha á Cuchillo como á la Plaza también por de él pero al acercarse como á 800 metros observó que el pueblo estaba fortificado para su defenza, suspendiola marcha, hizo retacolear su cabulleria y enseguida tomaron formacion. De ayi dirigió comunicaciones al Coronel Ortega pidiendole la entrada á la Plaza ofreciendo no causar daño de ninguna clase; que no intentavan contra la vida de persona alguna.

El Coronel Ortega no aceptó la propuesta y contestó que no permitiria la entrada de su gente, que el Pueblo no tenia recursos para recibirlos y que al entrar, seria dejar al Pueblo sin elementos para que continuaran en sus trabajos; el dia siguiente (19) solicitó Hernández permiso para ablar al Pueblo. Ortega contesto negativamente.

El Prof. Hernández devió el chasco a los Coyamenses que lo induieron á hir a Cuchillo, persuadiendolo de que no tendrian dificultad para la toma de la Plaza; pero recibido el desengaño ordenó la retirada sin haberse disparado un tiro.

y cuanto mas pensaba, mas oscuro le parecía el mundo; por fin decidió hir a ver a la Autoridad Política y pedirle su parecer. El Presidente Municipal ocurrió al Coronel Ortega, siendo de acuerdo en no dejar pasar á Melendez á la Plaza con gente armada.

Nieto dejó al parecer del Coronel Ortega lo que deviera contestar, echa ésta en la que se le decia á Melendes que no entrara á la Plaza con gente armada. Nieto la firmó.

Melendes que contava con Nieto, al ver la contestacion calzada con la firma de quien tenia por su aliado, creyó que Nieto le falcificaba sus propios guizos.

Melendez no es bien cultivado en letras, pero si es de astucias. Optó por insistir con la Autoridad Política pidiendole una embajada, el plan tenia por objeto lograr aprehender á Ortega si hiva en persona á conferenciar con él; ó alucinar á los enbajadores si no heran los que el queria coger. El plan de Melendes hera estrategico, pues conocia bien la gente de Cuchillo, sabia que héra gente ignorante y facil para la seduccion.

De palabra llamó a Nieto para ablar con él á lo que Nieto accedio.

Ponciano Torres y Crispin Juares que entre si se tienen por personas importantes

y que simpatisaban con Melendes se empeñaron en que se les nombrara conferenciadores.

Ortega aunque es de mucha... su carácter y convocaciones, no... de gente penetrante para estudiar en los hombres de una fé que vasta verlos con sonrir en los labios para tenerlos por fieles en su amistad.

Por ésta obra lo cogió Torres y Juares y Ortega los autorizó para que pasaran á donde estaba Melendes á conferendir, dandoles cuatro hombres mas como hera obra Melendes se echó á los conferenciadores, los soltó creidos que venia á refugiarse á Cuchillo y le prometieron hacer lo posible con Ortega para que fuera bien recibido. Melendes quedó en su punto, en espera del resultado. Ortega conocia bien las ocultas de Melendes y no lo aceptó, se le contestó rectificandole la contestacion anterior. Entretanto, Ortega hacia los preparativos para la defenza. Melendes perdida la esperanza de lograr su propósito, desfilo con su gente para el lugar (Coyame) donde por escape habia salido, sin que en Coyama, ni en Cuchillo huviera librado combate.

IV.

Pasaron dias. Ortega recibe carta del

Appendix 1 – Pages 7-10

El Mayor Piña.
De la fuerza de Ojinaga llega a Cuchillo en auxilio de Ortega.

El veintiuno en la tarde llegó á Cuchillo el Mayor Don Espiridion Piña con 23 hombres que el Coronel Sánchez mando en auxilio de Ortega (auxilio tarde) El auxilio que mandava Sánchez atendido á su reducido número hera inutil, por que dado el caso que á su llegada á la Plaza estubiera cercada, no habrian podido llegar, y si estaba libre como la alló, no hera suficiente para hacer la persecucion del enemigo. Piña el dia siguiente salió de Cuchillo rumbo al Paradero en espia del rumbo que tomaran los insurrectos, pero no logrando el aberiguarlo se volvio a Ojinaga.

El Coronel Ortega se preparó para la Campaña

A la fecha del 21 de Febrero, no habia recibido el Coronel Ortega resolucion del Gobernador Gónzales, se decidió á armar á sus propias expensas venticinco hombres que le sirvieran de Oficialidad en caso de recibir autorisacion para organizar fuersa. La prevencion de Ortega de armar gente y

en tan reducido número, lo habria puesto en peor peligro por estar espiado de enemigo poderoso tan de cerca, pero Ortega no se equibocaba, comprendia en la fuersa enemiga la falta de uniformidad motivada por las ambiciones antagonicas creadas por las politicas locales y de antaño, calculava, le dieran tiempo para aprestarce antes de ser nuevamente atacado, así fué, el dia 22 recibio orden por el Gobernador Don Abraham Gonzales de organizar la mayor fuersa posible para perseguir á Ramirez.

El Coronel Ortega abrio el registro de altas y en tres dias tuvo á sus ordenes una armada de 60 hombres.

Captura y Libertad de David Guajaca.

El 24 de Febrero se presentó en la Hacienda del Cacahuatal serca de Cuchillo el Sr. David Guajaca con cinco hombres, al notar los vecinos de la Hacienda que Guajaca hacia propaganda para agruparse gente armada á nombre del General Orozco, lo aprehendieron y lo conducieron á Cuchillo, lo presentaron al Coronel Ortega; el Coronel lo declaró y en su declaracion dijo: que de orden del General Orosco handava reclutando gente para resguardar la via ferrera de Chi-

huahua á Falomir. A la fecha, Ortega no sabia con certeza que el General Orosco se huviera revelado en armas contra el Gobierno, pero ya se decia que estava por levantarce. Guajaca aseguraba que el General Orosco permanecia fiel al Gobierno, pero como Ortega estaba indierto, detuvo á Guajaca. En la misma fecha puso Ortega un telegrama al Gobernador Gonzalez dandole cuenta de la comicion de Guajaca, telegrama que no llegó á su destino por que las vias telegraficas estavan cortadas.

Como el telegrama lo habia mandado al Coronel Sánchez en Ojinaga para que por su conducto pasara al Gobernador, y en consecuencia de pasar dias sin tener contestacion, resolvio poner en libertad á Guajaca por no interrumpir órdenes de Orozco á quien tenia por fiel al Gobierno, y en funciones como jefe de las armas del Estado. David Guajaca se fué á Pueblito y siguio su marcha á Chorreras, Plaser, Santo Domingo y Sta. Cristina, reclutando gente hasta el número de veinticino hombres, los dirigio á Chihuahua y los entrego al General Orozco.

EL GENERAL BRIGADIER A. SANGINES
Toma el mando de las fuerzas Rurales de Ojinaga y Cuchillo Parado.

A principio del mes de Marzo, recibio el Coronel Sánchez en Ojinaga un telegrama del Consul Mexicano en El Paso, Texas, Sr. E. C. Llorente, en el que le comunicaba que el General A. Sangines se dirigía á Ojinaga. El Coronel Sánchez se preparó para recibirlo como lo hizo al llegar éste á la Plaza de Ojinaga, poniendose Sánchez des de luego á las ordenes del General.

El General Sangines hizo desde luego algunos arreglos en la fuerza de Sánchez, y se dirigio en Oficio al Coronel Ortega para que pasara á Ojinaga á comunicarle la autorizacion que traia para unificar el mando de las fuerzas de Ojinaga y Cuchillo. Ortega no tenia conocimiento de que Sangines fuese General por parte del Gobierno y no se decidio desde luego á reconocerle, sino hasta despues de saber que lo acompañava el Dr. D. Luis de la Garza Cárdenas de quien tenia confianza y seguridad.

Al mando del General Sangines las dos fuerzas de Sánchez y Ortega, el General se ocupó de reorganizar los cuerpos y preparar la campaña mejorando el armamento,

Appendix 1 – Pages 11-14

arreglo la administracion de los cuerpos que hasta esa fecha la planta administrativa caminava imperfecta.

Para preparar la campaña, mandó el General Sangines á los Capitanes Alatorre y Ortiz, hisieran un reconocimiento de los terrenos "El Alamo, Fortin, Cuchillo Parrado, Ciera del Chilicote, Norrias y la Mula," levantando planos de los terrenos visitados, en seguida distribuyó gente en los puntos mas convenientes para espiar al enemigo si se asercaba en la zona regional de su mando.

En Coyame destacó á ordenes del Mayor Espiridion Piña una fuerza de 160 hombres compuesta de los dos cuerpos "de Ojinaga y Cuchillo Parado."

Los Rojos Coyamenses en Chihuahua, con motivo de estar el pueblo de Coyame ocupado por fuerza Federal, no podian tener noticias exactas de la suerte de sus familias en Coyame y se esforzaban por conseguir con el General Orozco que, les permitiera venir atacar á Piña y ocupar Coyame con fuerzas Rojas; Orozco por fin accedio, le dio á Don Manuel Melendez 80 hombres para que atacara á Piña. La fuerza de Melendez héra inferior á la que tenia Piña, pero Melendez como dije en otro lugar es de

mucha astucia, al asercarse á Coyame, dirigio á Piña un Oficio ordenandole la desocupacion de la Plaza y que si no lo hacía en el termino de cuatro horas, le echaria encima su poderosa fuerza, (la Fuerza de Melendez no estava á la vista) se firmava "Capitan 1º de las fuerzas Nacionales Revolucionarias" Piña temio que al ser atacado en el Pueblo, lo fuera á la vez por el Pueblo, y resolvio salirse á los cerros inmediatos al E. de Coyame. Melendez metio oportunamente una partida de su gente al Pueblo, y ya en el Pueblo logró conferenciar con Piña, lo invitava á que se le uniera; invite que Piña no aseptó, pero Melendez saco mucha ventaja sobre Piña, con sus ardides lo hizo retirarse á Cuchillo.

Sangines ordena la Compaña.

El día 8 de Mayo recibio Ortega orden del General Sangines de atacar á Melendez en Coyame y desalojado el enemigo permanecia en Coyame; Ortega ordenó su marcha y el día nueve en la madrugada dio el ataque á los primeros retenes que ocupavan los serros al E. de Coyame, desalojandolos de sus ventajosas posiciones y reconsentrandolos al Pueblo. Ortega posecionado del Cerro

de la Capilla tenia por sulla el agua de donde se proveia el Pueblo.

Con la ventaja de tener él el agua, ya no veia la necesidad de meter á fuego su gente al séntro del pueblo, teniendo por seguro que el enemigo ya sin agua se rendiria. El tiroteo seguia entre unos y otros sin causarce daño de concideracion. El tercer día se sintio en el Pueblo la falta del agua, Ortega reforso el Cerro de la Capilla esperando qué allí devería ser atacado con fuerza por el enemigo para conseguirse el agua, asi fué, Melendez pasada la media noche mando á atacar el Cerro de la Capilla, la lucha se trabó con denuedo, con bombas y fusileria, pero el Cerro fué defendido tenasmente, los rojos retrosedieron reconcentrandose al Pueblo sin lograr haserce del agua que tanto nececitavan. Ortega creyendo que hera el momento en que admitieran rendicion les propuso se rindieran garantizandoles la vida.

Por personas bien informaddas aseguran que Melendez convenia en la rendicion, pero que el Pueblo no quiso rendirse, la contestacion confirma esta verdad, pues ya no la firmó Melendez ni nadie, trais por firma "El Pueblo" que contestava no ren-

dirse.

Ortega comunicó al General Sangines en Ojinaga el estado de la lucha. Sangines devió comprender que el triunfo estava por Ortega y resolvió hir el mismo al campo de batalla, llevandose al Coronel Sánchez y 75 hombres de caballería de la fuerza de Ojinaga qué lo escoltaran. Llegó Sangines al campamento de Ortega, tomó la direccion de la batalla. Sangines es muy versado en política y de mucha astucia, pero allí no hera éso lo que se nececitava, allí se nececitava un jefe conocedor de la gente, sus ideas, su capacidada y de su educacion en el dever de la guerra. Sangines no tienia en sí esos conocimientos con la gente y . . . . . . fué el fracaso, de gáno tuvo una retirada lamentosa. Ortega fué el que con 100 hombres de su caballería que trais á su mando direto, tuvo la gloria de dispersar á 800 hombres qué por los Cerros al S.O. serca de Coyame venian en auxilio de los Coyamenses.

Cuando Ortega tenia el triunfo, recibio orden del General Sangines de retirarse á Cuchillo, Ortega á su pesar tuvo que obedecer, dejando la pequeña fuerza de Melendez unico enemigo que quedava en la

Appendix 1 – Pages 15-18

19

Plaza.—Llegó Ortega al lugar donde creia allar á su General, encuentra el campo decierto; todos abian desaparecido de alli. ¿A donde? No habia áquien preguntar.

Halli recibe al dia siguiente reitero de Sangines de retirarse á Cuchillo (supo donde estava su General) Melendez al observar que Ortega se habia retirado, mando revisar los campos de batalla, y el pueblo se salvo de morir de sed á que estava propuesto antes que rendirse.

Ortega recogió del enemigo cinco armas, 27 caballos, 22 monturas, pocas municiones y un pricionero. Sangines, de las fuerzas del Coronel Sánchez perdió pocas municiones y un triple de ametralladora y otras frioleras.

En la batalla de Coyame seportaron muy bien los Capitanes, Alverto Ortiz y Leovardo Manzano, aunque al ultimo se le niega por algunos lo que se le deve, es devido á no entarar lo que vale el obarar con prudencia.

El General Sangines en Cuchillo Parado.

Era el dia catorce, pasaban las siete de la mañana cuando el Coronel Ortega se encontraba en el lugar donde el General San-

gines habia tenido su cuartel cerca de Coyame; Sangines llegaya á Cuchillo montado á caballo sin mas escolta que Miguel Subiate. Entre tanto tomó un almuerzo, se informó deque Ortega no llegava, dio ordenes para que regresara á Cuchillo. El Coronel Ortega hiso su entrada en aquella plaza en la tarde del dia siguiente.

Como la fuerza de Sangines fué la que mas se disolvió, ordeno á Sánchez reorganizar su fuerza; y echo por el Coronel Sánchez recibio orden de salir rumbo á Ciudad Juárez á combatir una partida de reveldes que merodeava por aquel rumbo.

El Coronel Sánchez cumplida su comicion volvio á Ojinaga, Plaza de su destino.

El nueve de Junio ordeno al Coronel Ortega que con 75 hombres fuera á San Sontenes y siguiera la linia rumbo á Chihuahua hasta donde pudiera llegar, quemando puentes del Ferro Carril, cuya comicion la desempeño Ortega y volvio á Cuchillo. La orden de quemar los puentes tenian por objeto impedir á Orosco el embarque de fuerzas para Cuchillo, cosa que por entonces no estuvo en la mente de Orozco hacerlo; pero que, con éllo recibieron los Rojos un gran golpe, pués se supo que en esos

dias estaban por embarcar para Chihua el trigo de las Haciendas de Pueblito y Chorreras. La aproximación de Ortega á Chihuahua puso en gran alarma á Orosco pues creia que Sangines se dirigia á Chihuahua y que á la vez ser atacado en Bachimba; no hera el movimiento de Sangines lo que los Rojos se pensaban; el objeto hera como se dijo, impedirle á Orosco el embarque de tropas para Cuchillo.

La permanencia de Sangines en Cuchillo, parecia no serie satisfactoria, pasaba en él un . . . . . no sé que, lo tenia casi de continuo mohino pero que casi en su mayor parte sabia dicimular; hacia pocos dias habia ordenado al Coronel Sánchez hisiera salir una columna para Santa Rosalia en auxilio de Don Rosalio que defendia la causa del Gobierno por aquellas regiones, y al efecto mandó el Coronel Sánchez al Teniente José Licon con 40 hombres.

El dia 16 de Junio salio Sangines de Cuchillo con rumbo á Santa Rosalia con una escolta de 40 á 50 hombres, dejando al Coronel Ortega jéfe de las armas en Cuchillo, y al Coronel Sánchez en Ojinaga.

o   o   o

22

Ortega sale de Cuchillo a reunirce con las Columnas del General Huerta.

El 25 recibio el Coronel Ortega orden del Gral. Sangines de marchar rumbo á Julimes, y de batir al enemigo si lo encontraba en aquella plaza, Ortega salio con toda su caballeria el dia siguiente y para el 29 estuvo en Julimes sin encontrar enemigo que combatir, de alli se dirigio á Mioqui y el dia siguiente á Estacion Consuelo, donde se incorporó con las Columnas del General en jéfe Sr. Victoriano Huerta. Alli venia el Teniente Licon con la gente que habia sacado de Ojinaga.

El Coronel Ortega Opera a las Ordenes del Coronel O'Horan.

El dia 1 de Julio avanzaron las Columnas del Gral. Huerta dirigiendose á Bachimba, haciendo tres dias para llegar aquel punto, devido á la marcha precautoria que exigian las minas que habia puestas por la via del Ferro Carril, y solo se andava lo que se podia explorar. El dia tres, las fuerzas de la Federacion estavan frente al enemigo en Bachimba: Al Coronel Horan fué destinado al lado de la izquierda con

Appendix 1 – Pages 19-22

quien vamos á ver operar al Coronel Ortega, quien por primera vez hiva á operar bajo ordenes agenas, pues en las batallas que anteriormente habia tenido, siempre habia operado á sus propias direcciones y siempre con exite; ahora lo vamos á ver accionar á ordenes de otro jéfe y ver sus resultados. Horán colocó sus baterias para el ataque, á Ortega con su gente se le colocó á la derecha y vanguardia de las columnas de la Brigada del Coronel su jéfe.—La artilleria comenzó á hacer las exploraciones convenientes, hasta descubrir al enemigo en los distintos puntos de las Cierras, ordenandose en seguida el abance de Columnas sobre el enemigo, el fuego se rompió, el Coronel Ortega abanzó al campo enemigo, á una hora de fuego nutrido Ortega ocupava la Cierra desocupada por el enemigo, llegando tras al las Columnans del 23 y demas de la Brigada de su Jéfe Horan.

Como en las Fuerzas Virreganeleras no tienen la diciplina necesaria, no se cumplió en algunos casos con las ordenes de ataque, Ortega comprendió las faltas de su gente para el conocedor de ella, le convino disimular; y al rendir su informe de batalla, honró mancho á su gente ante su Superior.

24

Entre la gente de Cuchillo á habido desde su principió algunos ambiciosos que en el mismo cuerpo, trabajan por conseguir asensos, pero quieren agarrar de lo hécho empleando la seduccion en la tropa armada para ser proclamados jefes.

Como los ambiciosos tienen mucha parentela en la tropa, y esta está compuesta del mismo Pueblo, tienen influencia entre la gente de la misma tropa, y ésta circunstancia traia de continuo graves dificultades que el Coronel Ortega tenia que vencer á fuersa de razones, exortaciones, polemicas etc., pero que como suele decirse, que lo que con remiendo se cubre, el propio defecto descubre, á dado los frecuentes casos de que el Coronel Ortega haya tenido que luchar, no solo contra el enemigo, sino con su misma gente, por que como sé dijo en otra parte, Ortega no es estudiador en los hombres; esto le á traido la entrada á su tropa varios ambiciosos que tanto queacer le han dado.

Al detenerme en estar referencia he tenido en cuenta la necesidad de anticiparla al lector para que le sirba á la intelligencia de los hechos que en seguida huvieron de suceder. La retirada de Orozco en Ba-

chimbe fué precipitada que por decirlo asi fué una derrota. Ortega con Horán siguió flanqueando por la izquierda el avanse de los trenes hasta la Estacion de Mápula cerca de Chihuahua, de halli con su gente se le destinó á resguardar las impedimentas que seguian las Columas del Ejercito que ayanzaban á la Capital de Chihuahua, siguiendo Ortega en esa forma hasta la entrada á la Ciudad.

Ortega en Chihuahua.

En Chihuahua el Coronel Ortega, acuarteló su fuerza compuesta de tres compañias en una alameda al O. del centro de la Ciudad por no haber donde alojarla, pasaban dos decenas que su tropa no habia recibido pago de sus servicios. Los pretenciosos que espiavan los momentos para degradar á su jefe y atraerce á los soldados ignorantes, les infundian la idea de que su Coronel Ortega no hacia por el bien de ellos, y les decian que despues de que le servian los tiraba en cualquier alameda estando en una Ciudad, y que los tenia con hambre. Ortega no tenia culpabilidad en aquellas circunstancias, por que, si por de pronto los alojó en una alameda hera que no se conciguio casa á proposito desde luego, y en cuanto á

que les huviese demorado los pagos no hera cosa de él, sino de causas agenas y de la circunstancia de Campaña; pero la gente ignorante que no juzga de fondo, cree las charlatanerias de cualquier perico y se entrega en fé á cualesquier fementido, Ortega como en otras varias ocaciones, los calmó al dia siguiente los trasporto á una casa para cada compañia.

La Tercera compañia estaba compuesta de gente del Mineral de Santa Eulalia y entre ella estaba un guarda llamado Domingo Villarreal de la Garza que desde Cuchillo lo acompañava.—Villarreal de la Garza es de mucha ambicion y pretenciones, vuscaba el asenso, y no tenia oportunidad, no obstante empler las armas de la adulacion; propuso al Coronel Ortega que él podia reclutar gente en Santa Eulalia para aumentarle su fuerza, Ortega creilo buena la propuesta y lo autorizó para que hiciera el reclutamiento. Villarreal de la Garza salio para Santa Eulalia, les hizo llamamiento á los vecinos del mineral, pero como ya lo conosen y saben que mula hera le dijeron: "El que no te conosca que te compre" fué nesesaria la presencia del Coronel Ortega con quien se dieron alta desde luego 60 hombres. Villarreal que vuscaba oportunidad de asenso la

Appendix 1 – Pages 23-26

encontro: persuadió al Coronel Ortega, que el Cabo 1° ... Felix Velarde que comandara la tercera compañia, seducia la gente para que se le separara, y le aconsejava lo diera de baja antes que ocurriera un desmimbramiento de gente.

Ortega destinava la recluta á la tercera compañia que tenia yncompleta, á la que Villarreal ambicionava y pretendia aparecer como impulsador y organizador de ella.

Lo que acusaba Villarreal á Velarde hera falso pero logró engañar al Coronel Ortega y le quito á Velarde al mando de la tercera compañia, y teniendo por fiel á Villarreal lo hizo Cabo 1°, y con el sustituyo á Velarde. En Velarde existia una ambicion pero hesa ambicion hera distinta á la que Villarreal le acusaba: Velarde lo que prentendia hera Organizar él un cuerpo pero con gente que él consiguiera y pedir la plaza de Santa Eulalia para resguardarla, y no agarrar de lo hecho como Villarreal y los de mas ambiciosos lo pretendian.

Entre tanto pasaba esto en la tercer Compañia, ocurrían otras seducciones en la Segunda Compañia y parte de la Primera.

Ponciano Torres que hera de los que se habia llevado el General Sangines cuando

salió de Cuchillo para Santa Rosalia ... antes de su salida habia comandado ... gunda Compañia habia resibido ... en esos dias y pretendia volver ... ... se disgusto delantar á los ... que lo proclamaran jefe independiente ... Coronel Ortega.

El Coronel Ortega puso á ... del Cuartel General lo que Torres pretendia y le prohivio la entrada á los cuarteles de su tropa.

El dia dos de Julio, Ortega resibió orden de hir á recorrer por Aldama, Ormigas, Palomir, Chorreras y San Diego á perseguir al enemigo que por esos rumbos merodiaran, Ortega salió á recorrer los puntos que tenia designados pero quito una partida de revoldes que salió de Ormigas rumbo á San Diego pero llevando sb caballada en mal estado, no les dio alcanse. De San Diego se fué á Chihuahua haciendo su entrada el 21 del mismo mes. Hasta la fecha la fuerza de Ortega no usaba uniforme y al ordenarcele saliera á nueva expedicion para Cuchillo, se le ordenó uniformara su tropa, proporcionandole el Cuartel General los uniformes.

El Coronel Sánchez mientras Ortega

hacia la campaña desde su salida de Cuchillo hasta la ocupacion de la Capital, salió de Ojinaga á Cuchillo, de hayí á Pueblito, donde permaneció hasta tener noticia del trunfo de las fuerzas del General Huerta en Bachimba, luego se dirigio á Aldama y de allí á Chihuahua (9 de Julio) de Chihuahua salió para Ojinaga, tocando Coyame donde cogio 23 prisioneros, de allí se dirigio á Cuchillo y despues de ocho dias salió para Ojinaga.

ORTEGA PREPARA LA MARCHA SALE PARA CUCHILLO

El 26 y 27 de Julio recibio Ortega los uniformes suficientes para su tropa, y ordenó su distribucion. Los oficiales y tropa que por seducción prentendian separarse de Ortega se exaltaron, pretestavan ser vistos con desprecio al uniformarlos con ropa de campaña. Ortega y oficiales que serbian de buena fé se esforsavan por sacar á los exitados de su pretestada supoción pero fué inutil y Ortega para calmarlos les permitio el uniforme amarillo que éllos eligieron, conbino la tropa en comprarlo á su propia costa, y así quedaron arreglados los predispuestos

animos. Ortega se pensva de que los militares superiores vieran tan ridiculas discoladas en la gente de su pueblo y á su mando, pero no lo podia remediar por que los oficiales tanto fieles como pugnantes, heran incapases para moralizar la tropa que tenia á su mando, consentian seducciones en su presencia, que se ablara mal de los jefes, llegando la falta de respeto á tal grado que la tuvieran entre ellos como un festin, y si permanecian en el cuerpo, hera por razon de que siguiendo á su jefe recibia sus haberes. El Coronel Ortega tiene mucho cariño por el pueblo de Cuchillo, esto lo penaba de cuanta discoladas entre su gente. El mismo dia encuartelo su tropa y ordeno la marcha. Su fuerza la formo frente al palacio federal donde estava el Cuartel General, fué recibido con esplendidas piezas de musica militar. Despues de media hora desfiló en marcha á su tierra natal, ya en camino, los promotores dela repulsa al uniforme de campaña fueron los primeros en pedirlos, cuando llegaron á Cuchillo habian resibido todos el uniforme de campaña. La gente de Cuchillo casi en su mayor parte es buena pero debido á su ignorancia, es credula y fasil á la seduccion: así que es capas de l

Appendix 1 – Pages 27-30

mejor hasta la peor. Ortega en su marcha, hizo 7 prisioneros; fue recibido en Cuchillo con gran jubilo y repique de campana.

El Coronel Ortega á su llegada lo compuso con el Coronel Sánchez. A los pocos... las Sánchez comunicó á Ortega que San Antonio estaba invadido por 100 rojos á ordenes de Don Manuel Melendes y que lla mandava al Mayor Piña á perseguirlo recomendandole le diera auxilio si piña se lo pedía. Ortega estuvo listo para el primer momento pero no tuvo noticia de Piña hasta que de el Sansito le comunico que lo fuera á encontrar, que habia tenido un combate con H. R Ramirez en el "Sans Pul" y que traía algunos prisioneros; Ortega mando á encontrarlo y al día siguiente entro Piña á Cuchillo (12 de Agosto.) El dia siguiente salió para Ojinaga. Entre tanto Ortega aumetava sus fuerzas, admitio altas á cuantos con sonrriza en los labios se le presentavan Aunque Ortega es de ideas firmes, valeroso en los peligros, carese de perspicacia para estudiar ocultas agenas; esto le á traide en muchos casos el eclipse de las glorias á que es acredor por su arrojado valor y firmeza de sus ideas. En los nuevos elementos que creo, introdujo ambiciosos que unidos á los que

ORTEGA ORDENA SE DICIPLINE SU TROPA

El 3 de Agosto ordeno el Coronel... que mientras permanecieran en su plaza se diciplinara su tropa, pero como oficial al llera impotente para morir les faltava preliminar para haser entrar en su tropa la diciplina. El Coronel al dar orden de diciplinar su gente, no tomo en cuenta esta circunstancia, lo hizo inducido por Villarreal de quien Ortega no á hecho estudio y, lo tiene por de los mas fieles y aptos colaboradores con el, pero se equivoca, le vendrá el desengaño. La tropa y oficiales como no estaban acostumbrados á ello, comenzaron á creer que los querian hacer tropa de linia; ellos tenian por ridiculo haserlo y no quicieron formar. El Coronel incistio se cumpliera su orden; la tropa se oponia; los ambiciosos sedusian la trOpa, resultado que 68 hombres se insubordinaron.

Ortega les ordeno la entrega de las armas; los insubordinados se negaron á entregarlas. Con el resto de la fuerza quizo desarmarlos pero el resto se negó. Ortega que siempre habia podido cubrir la befes de su

gente á quien habia elevado su prestigio, se le presentó el caso de no poder cubrir la mancha de la insubordinacion dejando de gosar de la alta fama en que Ortega los habia colocado. Las pretenciones de Villarreal han sido la tomando el nombre de — organizador pero le faita prudencia. Este paso con la intentada diciplina Ortega con ello perdio una tersera parte de su gente y pertrechos de guerra. (24 de Agosto)

ORTEGA es atacado por el General Orosco

Ortega con 150 hombres, el 25 como á las tres de la tarde fue atacado por las fuerzas de Orozco en numero de 1200 hombres. El Rio no tenia paso, el tiroteo se hacia de un lado al atro del Rio; asi duró el tiroteo 5 dias, en el ultimo fue atacado por el lado de San Pedro y salio del Pueblo á la Cierra;

Las fuerzas de Orozco entraron al Pueblo saquearon las casas y á los 3 dias se retiraron.

Ortega lla en Cuchillo recibio orden del General Telles de incorporarse con la fuersa federal que se dirigia á Ojinaga é incorporado con ella marcho en auxilio de Sanches en Ojinaga

Sanches es atacado en Ojinaga

Ojinaga la guarnecia 200 hombres entre rurales Fiscales y de guarnicion local. El dia 8 á las tres de la tarde se presentó Orozco frente á Ojinaga, atacó por todos rumbos al cabo de 2 dias de... combate evacuaron los defensores la Plaza Orozco entro á la Plaza con sus ordas que por 2 dias saquearon la Plaza, hallo varios infelises que por encontrarse borrachos no salieron del pueblo.

DERROTA de OROZCO en Ojinaga

Orozco habia ocupado la Plaza 2 dias cuando (el 14 de Septiembre como á las tres de la tarde Orozco recibe habiso de que los federales cercaban la Plaza; se preparó para la defensa. Ortega comenso el ataque por la Cañada Ancha, desalojo al enemigo, siguio el abanse al pueblo, los federales abansaban por el chaparral y orilla del Rio bravo. La gente de Orozco se alarmo tanto al ver el avanse de la Federacion que se combirtio en panico; lla no pensó mas que en salvarse El fuego se rompio por todas partes, los Rojos salieron a la desbandada por el lado de

Appendix 1 – Pages 31-34

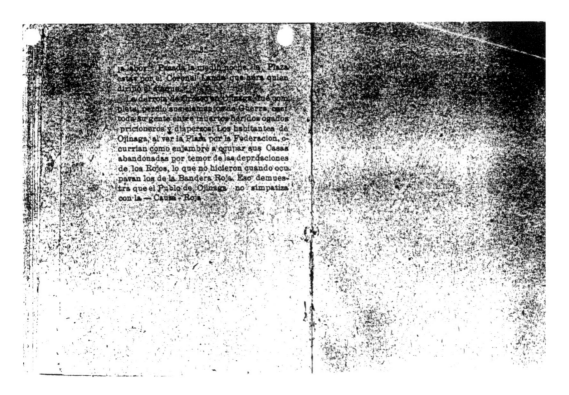

Relación — Pasada la media noche, la Plaza estuvo por el Coronel Landa que será quien dirijo el ataque. [...]

La derrota de Orozco en Ojinaga, fué completa, perdió sus elementos de Guerra, casi toda su gente entre muertos heridos ogados prisioneros, y dispersos. Los habitantes de Ojinaga, al ver la Plaza por la Federación, ocurrían como enjambre a ocupar sus Casas abandonadas por temor de las depredaciones de los Rojos, lo que no hicieron cuando ocupavan los de la Bandera Roja. Eso demuestra que el Pueblo de Ojinaga no simpatiza con la — Causa - Roja

Appendix 1 – Page 35, blank page

---

[19] First occurrence

---

[20] First occurrence

ABOUT THE AUTHOR

Esteban Luján was born December 25, 1867 (son of Hilario Luján and Victoriana Acosta Luján) in El Polvo, Texas, about sixteen miles south of Presidio, Texas and Ojinaga, Chihuahua in the region called *La Junta de los Ríos,* the confluence of the Río Conchos and the Río Bravo (Río Grande) and the boundary between Mexico and the United States. El Polvo received a post office and became known as Redford, Texas in 1911.

Married in 1891 in Ojinaga, Chihuahua, information about his early years and education are mostly unknown but somehow he learned or was taught to read and write, eventually becoming a credentialed schoolteacher. He was 44 years of age when he wrote *El Rondín,* and it is possible that he developed the text from notes in his diary. As the family history goes, at some point he was in the service of Generals Toribio Ortega and Francisco Villa as a scribe and messenger. Eventually he moved west with his family, resettling in Stockton, California in 1920. During a time when the Mexican government arrested and murdered opposition leaders and their associates and sent agents into the United States to search for them, he spoke little of his activities during the Revolution and never again set foot in Mexico. He died in Garvey (now Rosemead), California in 1946 and is buried in Los Angeles, California.

Figure 8. Original title page from the 1912 version of El Rondín

Figure 9. Esteban Luján at about age 60, circa 1927 in Los Angeles, California

ACERCA EL ESCRITOR

     Esteban Luján nació 25 de diciembre, 1867 (hijo de Hilario Luján y Victoriana Acosta Luján) en El Polvo, Texas, al sur este como diez y seis millas de Presidio, Texas y Ojinaga, Chihuahua en la zona llamado *La Junta de los Ríos,* la confluencia del Río Conchos y el Río Bravo (Río Grande) y la frontera a entre de Mexico y los Estados Unidos. El Polvo recibió la oficina de correos y se hizo conocido como Redford, Texas en 1911.

     Casado en 1891 en Ojinaga, Chihuahua, información sobre sus primeros años y su educación, en mayor parte no se sabe mucho. Pero de alguna manera erudito o se enseñó a leer y escribir, y con el tiempo llegó a ser un maestro certificado. Tenía 44 años cuando escribió *El Rondín,* y es posible que lo preparo el texto con notas en su diario. Como se cuenta la historia entre la familia, en algún punto, commenzó su servicio con los Generales Toribio Ortega y Francisco Villa como un escribano y un mensajero. En 1920 se mudó con su familia a California y se establecieron en la ciudad de Stockton. Durante ese tiempo el Gobierno Mexicano perseguía, arrestaba y asesinaba a los líderes de la oposición y a sus asociados. Mandaba agentes a perseguirlos hasta los Estados Unidos. Habia mucho peligro y pore so él no platicaba ninguna palabra a sobre sus actividades durante la Revolución y nunca volvió a Mexico. Se murió en Garvey (ahora Rosemead), California en 1946 y fue septultado en Los Angeles, California.

ABOUT THE EDITOR/TRANSLATOR

Jonathan Van Coops is a great grandson of Esteban Luján. A geographer and longtime San Francisco resident now retired from a nearly 40 year career with the California Coastal Commission, his natural interest in the Luján family history resulted in this translation.

ACERCA EL EDITOR/TRADUCTOR

Jonathan Van Coops es un bis-nieto de Esteban Luján. Un geógrafo y antiguo residente de San Francisco ahora se retiró de una carrera de casi 40 años con la *California Coastal Commission,* su interés natural en la historia de la familia Luján result en esta traducción.

Figure 10. (a) with Elisa Pérez, Stockton, Ca.,1990

(b) with MargueriteVan Coops, Cambria, Ca., 2016

ACKNOWLEDGEMENTS

In my experience I have often affirmed the fact that no one is their own "best" editor. This effort has been greatly assisted by Marguerite Van Coops, Elisa Pérez ("La Prima") prior to 2013, Officer Mark Alvarez, SFPD, and significantly by my cousins Jerry Javier Luján and Bert Franco Luján, with special thanks to Bert's wife, Sylvia. I am also grateful to Alina Smiotanko, who has provided me with immeasurable support and encouragement. Many thanks to each of them for their help in making this publication possible.

EXPRESIONES DE GRATITUD

En mi experiencia, he afirmado a menudo que uno no es su major editor. Este esfuerzo ha sido enormente asistido por Marguerite Van Coops, Elisa Pérez ("La Prima") antes de 2013, Oficio Mark Alvarez, SFPD, y significativamente por mis primos Jerry Javier Luján y Bert Franco Luján, con muchas gracias a su esposa, Sylvia. También estoy agraciado a Alina Smiotanko, que me ha brindado un apoyo y un estimulo inconmensurables. Muchas gracias a cada de ellos por ayudar a hacer posible esta publicación.

J.V.C.